SALOUSTIOS

DES DIEUX ET DU MONDE

COLLECTION DES UNIVERSITÉS DE FRANCE
publiée sous le patronage de l'ASSOCIATION GUILLAUME BUDÉ

SALOUSTIOS

DES DIEUX ET DU MONDE

TEXTE ÉTABLI ET TRADUIT
PAR
GABRIEL ROCHEFORT
Professeur au Lycée Honoré de Balzac

Quatrième tirage

PARIS
LES BELLES LETTRES
2023

Conformément aux statuts de l'Association Guillaume Budé, ce volume a été soumis à l'approbation de la commission technique, qui a chargé M. Alphonse Dain d'en faire la révision et d'en surveiller la correction en collaboration avec M. Gabriel Rochefort.

95 boulevard Raspail, 75006 Paris
www.lesbelleslettres.com

Premier tirage 1960

ISBN : 978-2-251-00304-7
ISSN : 0184-7155

AVANT-PROPOS

Il y a plus de deux siècles, paraissait la première traduction en français de Saloustios, accompagnée d'un commentaire. Malgré ce travail qui tendait à aborder dans sa diversité le problème salousteen, aucun philologue français n'avait jamais donné d'édition de l'ouvrage du Préfet d'Orient, et si la traduction du R. P. Festugière avait eu, naguère, entre autres mérites, celui de rappeler à un public lettré l'existence de notre traité de théologie « hellène », l'absence d'édition et de commentaire accessibles en France persistait. C'est cette lacune que je me suis efforcé de combler, à la lumière des résultats obtenus par les recherches de ceux qui m'ont précédé.

Au seuil du temple édifié par le confident de l'Empereur Julien en l'honneur des Dieux de sa Patrie, qu'il me soit permis d'exprimer ma reconnaissance à ceux qui m'ont aidé au cours de ces travaux; tout d'abord aux maîtres qui ont bien voulu accepter de guider mes efforts d'interprétation et d'exégèse d'un texte dense, parfois obscur : les conseils de M. A. Dain et de M. P. Chantraine m'évitèrent bien des méprises et leur science sut m'ouvrir des horizons inaperçus ; si la Critique m'est indulgente, c'est à leur attentive direction que je le devrai.

Je n'aurai garde d'oublier le R. P. Darrouzès dont l'amitié me permit d'étendre mes investigations au domaine chrétien pour le plus grand profit de mes études, non plus que le professeur A. Pertusi qui accepta de vérifier pour moi certaines lectures sur les manuscrits de Milan et d'en examiner les filigranes.

Que ceux de mes collègues dont les disciplines ont été appelées à préciser tel point particulier de science ou de doctrine trouvent ici mes remercîments ; mais aussi, qu'à celui qui va maintenant traiter des mythes, « les âmes de ceux qui les ont écrits soient favorables ».

INTRODUCTION

I

LA VIE ET L'ŒUVRE DE SALOUSTIOS

Ce n'est qu'à la fin du xve siècle que le voile d'horreurs qui couvrait le souvenir de l'Empereur Julien commença de se déchirer pour laisser progressivement apparaître des traits plus exacts de sa personnalité : Laurent de Médicis, le premier, aperçut derrière un écran encore épais l'élan de patriotisme romain qui avait conduit l'Autocrator à raffermir les bases politiques et religieuses de son État par un retour à la tradition des ancêtres, dont « les croyances furent préférées à la religion du vrai Dieu » (Prudence, *Apotheosis*, 450 sq.). Montaigne trouve au cousin de Constance « une âme vivement teintée des discours de la philosophie » (*Essais*, II, 19), et, le temps s'écoulant, les deux attitudes de condamnation totale et d'admiration sans réserves semblent se confondre pour distinguer les intentions des réalisations, la persécution finale de la tolérance du début.

Le paganisme rénové de l'Empereur était en effet très élevé et bien éloigné de la grossière superstition que les Chrétiens se plurent à dénoncer. A un Christianisme triomphant désormais, il s'agissait, renversant les rôles, d'opposer un « Hellénisme » militant, c'est-à-dire une religion à base traditionnelle réformée par les apports nouveaux du mysticisme oriental tempéré par la raison. Julien, comme Açoka, voulut-il être un souverain selon l'ordre cosmique, suivant dans la politique quotidienne les normes qui régissent l'univers terrestre et les mondes sidéraux ? Il demeure en tout cas que les échanges qui

dès le début du ɪvᵉ siècle s'instauraient entre les sphères dirigeantes et les philosophes se multiplièrent sous son règne.

Dans l'ordre intellectuel, le milieu du ɪvᵉ siècle fut marqué par la diffusion de plus en plus large de sommaires philosophiques vulgarisant auprès des amateurs éclairés les grands principes platoniciens et les dogmes du Portique : l'*Introduction à Platon* d'Albinos, *Platon et son système* d'Apulée, les *Dialexeis* de Maxime de Tyr et l'*Épitome* d'Arius Didymus demeurent les témoins de cet effort d'éducation du public.

Loin de négliger certaines formes extérieures du Christianisme, Julien les considéra attentivement lorsqu'il était encore tenu de demeurer fidèle aux pratiques de son enfance ; quand il eut à créer pour sa religion nouvelle les cadres d'une organisation sacerdotale, c'est en s'inspirant de l'administration des Chrétiens qu'il institua les divers pouvoirs théologiques et c'est parallèlement à la hiérarchie céleste des Romains qu'il constitua celle des Dieux, des Démons et des Anges, étendant à la nature entière le principe d'émanation des Dieux primordiaux aux puissances secondaires, jusque dans l'univers du cosmos. Une étude était donc à faire des bases mêmes de sa religion pour le myste qu'accueillait l'hiérophante ; les gens sans instruction se trouvaient exclus, et l'impérial théologien aurait pu faire sienne la devise que choisit plus tard Mahomet : « Marche dans ta religion sous l'étendard de la Science. »

Identification de l'auteur.

Parmi les ouvrages qui doivent leur intérêt au témoignage qu'ils présentent des chocs d'idées engendrés par la réaction julienne, l'un des plus curieux, et non certes des moindres, est le traité transmis sous le nom d'un certain Saloustios, mais dont le titre n'est pas fourni par la tradition manuscrite. Outre cette incertitude, le halo qui entoure la personnalité de l'auteur — le nom de Saloustios, voire Sallustius, ayant été porté par plus d'un aux ɪvᵉ et vᵉ siècles — rend nécessaire une recherche d'identification : la doctrine s'en éclairera, quoi qu'en pense tel traducteur moderne.

Écartons tout d'abord l'attribution du Περὶ Θεῶν καὶ Κόσμου à un sophiste cynique d'Émésa qui vécut au ve-vi^e^ siècle, et qui, parti de la philosophie platonicienne, aurait fait revivre l'ancienne philosophie des disciples de Diogène : si le portrait qu'en donnent Photius et la *Souda* convient à un représentant de cette secte, le grossier dénigrement qu'il implique de toutes les croyances contraste en tout point avec l'élévation de pensée de l'ouvrage, rendant impossible l'assimilation de son auteur avec un « chien aboyeur » (Julien, 204 A).

Aussi les savants cherchèrent-ils dans une autre voie : Gabriel Naudé, dans sa lettre soixante et onzième à Fortunius Licetus, supposa un auteur stoïcien, plus en accord avec certaines affirmations de notre philosophe, Wilamowitz pensant au contraire que ce « Sallustius » était le même homme que le grammairien auquel on doit les *arguments* des tragédies de Sophocle. F. Cumont a eu le mérite de montrer[1] la difficulté d'admettre que celui qui avait écrit ces introductions pût avoir quelque parenté intellectuelle avec le haut fonctionnaire de l'Empereur Julien auquel on peut, plus vraisemblablement, attribuer le Περὶ Θεῶν καὶ Κόσμου, et ce serait également s'abuser que d'assimiler son auteur à Sallustius, élève de Severus Sanctus Endelechius, qui fit à Rome, de 395 à 397, puis à Constantinople, la révision des *Métamorphoses* d'Apulée[2].

L'érudition du xixe siècle avait franchi en effet une étape importante vers l'identification du personnage lorsqu'en 1821, J.-C. Orelli avait songé à un penseur platonicien, dédicataire de la méditation de Julien *Sur Hélios-Roi*, reprenant ainsi l'hypothèse de Pag. Gaudentius, *De pythagorea animarum transmigratione*, exerc. I, § 21. Soixante ans plus tard, F.-G. Mullach rejoignait cette position et rappelait qu'il s'agissait en outre d'un membre éminent de l'entourage de l'Empereur, comblé des plus grands honneurs.

Le choix désormais se limitait à deux hommes, et nous devons à Tillemont (*Histoire des empereurs*, IV,

1. F. Cumont, *Salluste le Philosophe*, dans *Revue de Philologie*, t. XVI (1892), p. 49-56.
2. P. de Labriolle, *La Réaction Païenne*, Paris, 1934, p. 355.

696) la précision que, sous Julien, deux homonymes se partagèrent les hautes fonctions administratives de l'*imperium romanum :* Flavius Sallustius et Secoundos Saloustios, dont l'un fut préfet des Gaules et l'autre préfet d'Orient. Mais duquel s'agissait-il ici ? F. Cumont penchait pour le premier, expliquant l'épithète de « philosophe », présentée par toute la tradition manuscrite du Περὶ Θεῶν καὶ Κόσμου, par une mélecture de l'abréviation Φλ/ = Φλαβίου pour Φιλοσόφου. Or la publication, en 1892, du recueil d'Inscriptions d'Hermann Dessau[1] — que n'avait pu consulter F. Cumont, qui ne disposait que des informations transmises par Libanius, silencieux sur les talents littéraires de Saloustios — permet, en offrant le *cursus honorum* des deux personnages, de distinguer nettement entre ces contemporains de même nom ; qu'il nous soit donné d'en rappeler la carrière.

Quand, en juillet 361, Julien, revêtu de la pourpre que lui avaient conférée ses troupes stationnées à Lutèce, allait quitter le territoire des Rauraques pour gagner le Danube, il envoya Flavius Sallustius comme préfet dans les Gaules[2], la rébellion des Alamans vainqueurs de Libinon ayant été matée. La gestion du préfet se révéla satisfaisante au point que l'Empereur se donna pour collègue, lors de son quatrième consulat pour l'année 363, celui qu'il avait appelé à maintenir le pouvoir de Rome où il avait lui-même gouverné comme César. A ce propos, Ammien remarque[3] qu'on « trouva singulier qu'il s'adjoignît un homme de condition privée ; c'était en effet le seul exemple qu'on pût citer en pareille circonstance depuis le consulat de Dioclétien et d'Aristobule ». Quand on se rappelle que le *cursus honorum* ne comportait pas la préfecture, et que dans les fonctions connues de Sallustius ne figure pas la questure[4] — dont le rôle s'était accru depuis Constantin —, étape indispensable en général pour parvenir au consu-

1. H. Dessau, *Inscriptiones latinae selectae*, t. I, Berlin, 1892, p. 276.

2. Ammien Marcellin, *Res gestae*, XXI, 8, 1.

3. Amm. Marcell., *ibid.*, XXIII, 1, 1.

4. H. Dessau, *ibid.*, n° 1254, où se trouve rappelée la carrière de Sallustius.

lat, on comprendra l'étonnement de certains membres de l'État-Major impérial. Néanmoins, le consul entra en fonctions le 1er janvier 363, et malgré l'interprétation alarmante pour son sort du décès du doyen des prêtres[1], lors de l'abandon des travaux de reconstruction du temple de Jérusalem, la carrière de Sallustius se poursuivit sans heurts. Il partit pour les Gaules et Julien entretint avec lui une correspondance officielle régulière, celui-là lui écrivant en particulier, en mars-avril de la même année, pour lui dire sa tristesse en apprenant la poursuite de l'expédition contre les Parthes : « il conjurait l'Empereur qui lançait un pont de bateaux sur le Chaboras de suspendre la réalisation de son plan ; eu égard à l'hostilité des Dieux, persister sans en avoir désarmé le courroux serait courir à sa perte »[2]. Or, dans le même temps, le Préfet d'Orient, son homonyme, participait aux opérations contre Sapor. Bien que Flavius Sallustius ne semble pas avoir ajouté un second consulat après la mort de Julien, ni bénéficié du renouvellement de sa préfecture des Gaules sous Jovien et Valentinien, il demeura dans l'administration comme « Comte du consistoire impérial, Vicaire de la ville de Rome, Vicaire d'Espagne et des cinq provinces » sous leur règne. La reconnaissance de ses administrés espagnols, en effet, lui accorda la dédicace d'une statue dressée sur le forum de Trajan, Jovien y ayant donné son accord *(missis legatis jussione sacra)* — malgré les convictions païennes de son mandataire —, et la tolérance de son successeur ayant permis le 28 mai 364 l'érection du monument[3]. On ne sait quelle fut la fin de la vie de ce « loyal » serviteur de l'Empire, mais elle offre la preuve de la clairvoyance de Julien dans le choix de ses collaborateurs qui durent à leurs qualités d'administrateurs impartiaux leur maintien en fonctions sous des régimes bien différents du sien.

1. Amm. Marcell., *ibid.*, XXIII, 1, 6.
2. Amm. Marcell., *ibid.*, XXIII, 5, 4.
3. H. Dessau, *ibid.*, nº 1254 ; O. Seeck, *Die Briefe des Libanius*, p. 265, pense que cet honneur fut probablement accordé au Préfet des Gaules quand il quitta ses fonctions pour être remplacé, peut-être, par Germanianus.

La vie de Satorninos Saloustios Secoundos.

En dépit de l'importance des fonctions exercées par ce fonctionnaire compétent et dévoué, l'étude de la vie de son homonyme, Satorninos Saloustios Secoundos, révèle la distance séparant un grand commis de l'Empire et un adjoint immédiat du souverain, conseiller écouté en même temps qu'instigateur de mesures gouvernementales. Mentionnons, en effet, pour mémoire, la tentative de l'abbé Gimazane[1], qui s'était efforcé d'établir qu'un seul et même personnage aurait exercé la préfecture des Gaules et celle d'Orient, grâce à un jeu subtil d'ordre et de contre-ordre relatif à sa nomination, négligeant en cela — à défaut de textes épigraphiques qu'il ne connaissait pas[2] — l'apport des documents bibliographiques, quand il n'en donnait pas une version erronée[3].

En fait, Saloustios était né en Gaule[4], et vraisemblablement au début du siècle, l'âge avancé où il se trouva en 363 le faisant renoncer alors à un accroissement de charges[5]. Sa famille se trouvait établie anciennement au pays des Celtes[6], et sa formation intellectuelle très complète avait fait de lui un grand lettré, versé à la fois dans la Rhétorique et dans le Droit[7] ; mais il n'était pas seulement un homme de méditation, il savait allier à l'étendue de sa science un haut sentiment de la justice et du devoir[8]. Or, au moment où nombre d'intellectuels demeuraient encore fidèles à la religion païenne, parfois rénovée par l'apport du mysticisme oriental, Constance, tout occupé de la persécution des Chrétiens non Ariens, ne frappa point les adeptes des anciennes croyances et

1. J. Gimazane, *De Secundo Salustio Promoto*, Tolosae, 1889.
2. H. Dessau, *ibid.*, p. 276, inscriptions n° 1254 et 1255.
3. Voir en particulier plus loin — p. XXIII, n. 2 — la fantaisie du surnom imaginé.
4. Julien, *Orat.*, VIII, 252 A.
5. Amm. Marcell., *ibid.*, XXV, 5, 3 ; O. Seeck, *op. cit.*, p. 265, suppose que Saloustios serait né sous le règne de Dioclétien, sans toutefois tenter de préciser davantage.
6. Julien, *ibid.*, 252 D ; on pourrait même songer à la région bordelaise. Voir à ce propos p. XXXIV-XXXV.
7. Julien, *ibid.*, 247 D et 252 AB.
8. Julien, *ibid.*, 241 CD.

l'on sait que des hommes comme Libanius et Thémistius — pour ne citer que ceux-là — ne furent pas inquiétés pour leur foi. Aussi, quand l'Empereur choisit, pour seconder Julien, César, un homme « ayant l'expérience des choses »[1], eut-il soin de nommer questeur Saloustios, que sa connaissance des affaires gauloises désignait tout particulièrement. Bien que l'entourage du Prince « fût composé de gens de la pire espèce » — le notaire Pentadius ayant une place insigne parmi eux —, bien qu'une « assez mauvaise grâce »[2] eût présidé à la décision de l'Empereur de promouvoir, entre le 6 novembre et le 1er décembre 355, un questeur intègre, celui-ci contribua à la popularité du cousin de Constance, « servant de trait d'union entre lui et le pays »[3], au point que l'on compara le rôle de Saloustios auprès du jeune César à celui de Phénix aux côtés d'Achille[4]. Plus tard, quand la victoire des armées de Julien eut besoin d'un « héraut » pour les proclamer après en avoir été « le spectateur »[5], la rédaction des *Mémoires* de son adjoint, dès avant le printemps de 359, était destinée à compléter ceux que son médecin Oribase avait déjà commencé d'écrire[6].

Outre les raisons personnelles et une collaboration de tous les instants qui contribuèrent à la sympathie mutuelle du questeur et du César[7], leur intimité s'accrut par suite de l'identité de leurs convictions religieuses[8] : tous les deux, en effet, croyaient à la réforme de la foi ancestrale sur des bases philosophiques et à la protection

1. Eunape, *Vitae Sophistarum*, p. 479, 29 sq.; éloge confirmé par Libanius, *Epistolae*, 1143 et 1148, éd. Wolf.
2. Julien, *Au Sénat et au Peuple d'Athènes*, 281 D.
3. J. Bidez, *Vie de l'Empereur Julien*, p. 140.
4. Libanius, *Orat.*, XII, 42 ; Thémistius comparait Saloustios à Nestor (*Orat.*, V, 67 B).
5. Julien, *Orat.*, VIII, 251 C.
6. Julien, *ibid.*, 242 D.
7. Pour tout ce qui concerne les détails de leur amitié et les enrichissements qu'ils en tirèrent l'un et l'autre, voir G. Rochefort, *Le* Περὶ Θεῶν καὶ Κόσμου *et l'influence de l'Empereur Julien*, dans *R.E.G.*, t. LXIX, janv.-juin 1956, p. 50-66.
8. Plus tard, Thémistius rappellera que, tout comme l'Empereur, le Préfet d'Orient montrait sa qualité de philosophe et de fidèle au culte des Dieux en ne se rasant pas la barbe (*Orat.*, VII, 99 D).

des Dieux sur les destinées de l'Empire, mais c'est à Saloustios que l'on doit rapporter le culte particulier auquel Julien va se dévouer désormais : celui du mystérieux et redoutable Génie du Peuple Romain.

Cependant, la vertu du questeur « ne tarda pas à devenir suspecte à Constance »[1]; Florent, le Préfet des Gaules, ayant à juger un fonctionnaire concussionnaire et ne pouvant le relaxer sans laisser apparaître ses propres malversations[2], en appela au César. Devant son refus[3], il écrivit à l'Empereur pour accuser Saloustios d'exciter Julien contre l'autorité souveraine[4]. La manœuvre amorcée se développa désormais : « les sycophantes[5] de la cour », jaloux de l'amitié du questeur et de son chef, firent craindre la destitution de celui-là, et quand son ami s'adresse à Oribase, pendant l'hiver 358-359, pour lui dire ses appréhensions[6], il ignore que dans le courant d'avril 359, au moment où son cousin allait quitter Sirmium pour se rendre à Constantinople, Saloustios serait rappelé des Gaules[7]. Il fut alors envoyé d'abord en Illyrie, puis en Thrace, après la campagne contre les Sarmates, et certains ont pensé qu'il s'agissait là d'affecter l'ancien questeur à l'administration orientale de l'Empire[8]. La perte d'un tel collaborateur et d'un confident si fidèle fut pour Julien aussi cruelle que celle qui avait marqué celle du « guide de son enfance », le vénérable Mardonius[9].

L'avènement de Julien au trône lui permit de retrouver son ami après une séparation de presque trois ans. Arrivé le 11 décembre 361 à Constantinople, l'Empereur conféra à Saloustios la Préfecture d'Orient, et quand il

1. Julien, *Au Sénat et au Peuple d'Athènes*, 281 D.
2. Amm. Marcell., *ibid.*, XVII, 3, 2-3.
3. Julien, *Lettre à Oribase*, 384 D à 385 C.
4. Libanius, *Orat.*, XVIII, 84 et Ammien, *ibid.*, XVII, 3, 5.
5. En l'espèce le notaire Pentadius, Paul et Gaudence, cf. Julien, *Au Sénat et au Peuple d'Athènes*, 282 C.
6. Julien, *Lettre à Oribase*, 385 D.
7. Amm. Marcell., *ibid.*, XVII, 12, 4 et Julien, *Au Sénat et au Peuple d'Athènes*, 282 C. Pour son envoi en Thrace, voir Julien, *Orat.*, VIII, 251 D.
8. Zosime, *Nova Historia*, III, 5, 3.
9. Julien, *Orat.*, VIII, 241 C.

eut décidé d'ouvrir une série d'informations judiciaires contre ceux dont l'opinion publique dénonçait les crimes, ce fut le nouveau Préfet qui reçut la présidence du tribunal de Chalcédoine, dans les derniers jours du même mois[1]. On jugea diversement les sentences de cette haute-cour, mais il convient de remarquer que l'impartialité de Saloustios ne fut mise en doute par personne et qu'on lui dut une absence totale d'immixtion dans les convictions personnelles des prévenus — aucun martyr ne fut trouvé parmi les condamnés — ; en outre, l'opportunisme des uns et le prestige de l'ancienne armée de Constance soutenu par les autres expliquent certaines rigueurs du verdict[2]. Il convient de se rappeler enfin que le Préfet n'avait pas participé au choix de ses assesseurs que les circonstances avaient imposés, et que les grands coupables — l'intendant Apodème, le notaire Paul, le grand chambellan Eusèbe — furent justement punis de mort[3].

Au début du nouveau règne, le palais impérial vit affluer une meute de *chiens ignorants*[4] qui, malgré la dénonciation de leur imposture par Julien pendant l'hiver 361-362, revinrent à leurs insolentes provocations en mars[5] 362, lorsque le cynique Héracleios eut le front d'inviter l'Empereur à une conférence à laquelle le Préfet d'Orient, le Maître des Offices Anatole et le Gouverneur de la Cilicie Memmorius l'accompagnèrent[6]. De nouveau, Julien démasqua le scandale[7], mais il eut soin cette fois de composer, dans le même temps[8], son premier discours dogmatique *Sur la Mère des Dieux*, qui fut utilisé, on le verra plus loin, par Saloustios au chapitre IV de son traité *Des Dieux et du Monde*. On n'a pas de preuve de la dédicace de ce discours, faite peut-être au Préfet d'Orient, mais quand, à la fin de juillet de la même

1. Amm. Marcell., *ibid.*, XXII, 3, 1.
2. *Ibid.*, XXII, 3, 3 à 9.
3. *Ibid.*, XXII, 3, 10 à 12.
4. Notamment Asclépiade, Sérénianus et Chytron. Cf. Julien, *Orat.*, VII, 224 D.
5. Voir pour cette date, p. xxv, n. 5.
6. Julien, *ibid.*, 223 B.
7. Julien, *Discours contre Héracleios le cynique.*
8. Libanius, *Orat.*, XVIII, 157.

année, pendant son séjour à Antioche, Julien eut rédigé ses *Cronia*[1], c'est à lui qu'il les offrit[2], de même que le *Discours sur Hélios-Roi*, composé de la fin de juillet à la mi-août.

Les Césars, composés vraisemblablement avant l'incendie de Daphné, marquent l'apparition sarcastique de la polémique antichrétienne dans les ouvrages mêmes de l'Empereur, et l'on sait que le *Contra Galilaeos* — hiver 362-363 —, puis le *Misopogon* — janvier-février 363 [3] — sont destinés à extirper l'erreur des âmes égarées dans la foi évangélique. S'il faut, avec W. Cave Wright[4], reconnaître Saloustios dans « l'ami » qui sert d'interlocuteur à Julien dans les *Césars* — remarquons en particulier l'importance que les mythes[5] présentent ici pour lui comme au chapitre III du Περὶ Θεῶν καὶ Κόσμου —, ce sera l'honneur du Préfet d'Orient de l'avoir retenu sur la voie de la coercition et de la persécution brutale contre les Chrétiens. Il multiplia en effet les conseils de prudence et on lui doit de l'avoir détourné de la condamnation à la peine capitale de ceux « dont la présence semblait une réelle profanation du temple du Monde et un objet d'horreur » pour les esprits religieux[6].

Administrateur et homme de pensée, Saloustios savait aussi être un chef, veillant à l'application stricte des ordres donnés ; un *apparitor* ne fournit-il pas à temps les vivres qu'attend l'armée sur les bords du Chaboras, il est exécuté les tout premiers jours d'avril[7], tout retard risquant de compromettre le succès de l'expédition. Mais le Préfet d'Orient sait payer de sa personne, malgré une récente et grave maladie[8], et au cours du dernier

1. Sur les fêtes qui accompagnèrent leur composition, voir Libanius, *ibid.*, 170.
2. Julien, *Discours sur Hélios-Roi*, 157 C.
3. Sur ces dates de composition, voir J. Bidez, *Vie de l'Empereur Julien*, p. 302 et 289.
4. W. Cave Wright, *The works of the Emperor Julian*, Londres, Heinemann, 1913, t. II, p. 343.
5. Julien, *Caesares*, 306 C.
6. Théodoret, *Hist. eccles.*, III, cap. II, et J. Bidez, *ibid.*, p. 299.
7. Amm. Marcell., *ibid.*, XXIII, 5, 6.
8. Libanius, *Epist.*, *add.* 185 (1103) et 316 (1148), rappelé par Seeck, *op. cit.*, p. 399.

combat, le 26 juin, tandis que tout l'État-Major lutte, glaive au poing, et que tombe le Maître des Offices, Anatole, Saloustios ne doit « d'échapper au trépas qu'à l'assistance de son officier d'ordonnance qui le tire de la mêlée »[1], au moment où il voit tomber à ses côtés l'un de ses adjoints. Aussitôt il se rend à la tente où Julien agonise et c'est à lui qu'échoit le pénible soin de l'informer de la mort d'Anatole : la dernière image qu'il emportera de l'Empereur vivant sera celle de son ultime entretien avec Maxime et Priscus sur la nature transcendante de l'âme, au milieu du silence désolé des assistants[2].

Le lendemain, tandis que l'on emmène le corps de Julien à Tarse, l'armée de Mésopotamie lui cherche un successeur que pourrait agréer l'armée des Gaules, et l'unanimité des voix se fait sur Saloustios ; mais celui-ci refuse la pourpre, « s'excusant sur son âge et ses infirmités »[3]. Une autre tâche, en effet, attendait celui que Jovien avait maintenu dans ses fonctions : le Préfet du Prétoire venant en deuxième place dans la hiérarchie militaire était aussi le plus haut dignitaire civil après l'Empereur ; le 8 juillet 363, il fut envoyé, en compagnie d'Arinthée, en députation vers le Suréna et son adjoint pour négocier les tristes conditions d'une retraite des armées romaines, et de la conclusion d'une paix de trente ans[4].

A la mort de Jovien, le 17 février 364, la vieille rivalité opposant armée d'Orient et armée d'Occident se réveilla, et de nouveau l'apaisement se fit par l'offre du pouvoir suprême à Saloustios ; mais comme en juin 363, le Préfet d'Orient refusa le trône, tant pour lui-même que pour son fils à qui l'on avait songé, malgré sa jeunesse[5]. Aussi, bien que le 18 février l'unanimité des voix civiles et militaires eût proclamé Valentinien Empereur à la mort de Jovien, un certain trouble demeurant à Nicée dans l'attente de son arrivée, Saloustios intervint encore

1. Amm. Marcell., *ibid.*, XXV, 3, 14.
2. *Ibid.*, 21 à 23.
3. *Ibid.*, 5, 3.
4. *Ibid.*, 7, 7 à 14, et Zosime, *ibid.*, 29 et suiv.
5. Zosime, III, 36, 1, 2. Zonaras, XIII, 14, 15-17 et Libanius, *Epist.*, *add.* 354 (1501) selon le numération de Seek.

pour proposer une mesure d'ordre qui fut « adoptée avec un empressement unanime » : pour éviter la manifestation de nouvelles ambitions avant l'acclamation officielle du souverain, « toute personne influente serait consignée à son domicile jusqu'au lendemain » premier mars 364[1]. Valentinien avait confirmé le Préfet d'Orient dans ses fonctions antérieures[2], quand, le 28 mars, alors qu'il venait de conférer à son frère Valens le titre d'Auguste, « les deux empereurs furent à la fois saisis d'un accès de fièvre, qui d'ailleurs dura peu ». Une enquête fut ouverte, « dirigée surtout, en haine de la mémoire de Julien, contre les amis de ce Prince que l'on accusait d'avoir usé de maléfices »[3]. Si toute prévention s'évanouit contre eux, ce fut, d'après Zosime (XIII, 14, 15), grâce à l'activité de Saloustios, qu'un deuil cruel venait pourtant de frapper[4].

Quand, au début du printemps 365, les deux Empereurs se partagèrent, à Nysse, les grands offices de la couronne, Valens partit pour Constantinople, gardant à ses côtés Saloustios comme Préfet d'Orient, et Arinthée — l'un des négociateurs de la paix de 363 avec Sapor. L'ancien État-Major de Julien se trouvait aussi réparti dans les deux parties de l'Empire, Dagalaïf partant avec Valentinien, et Jovin, Gouverneur des Gaules sous Julien, conservant son poste[5].

Presque à la même époque, Valens était parti pour la Syrie, laissant à son beau-père Pétrone le soin de l'administration de la capitale. Être rapace et vil, spoliateur et tortionnaire, « plus détesté que Cléandre, Préfet sous Commode »[6], il ne put supporter à ses côtés la présence

1. Amm. Marcell., *ibid.*, XXVI, 2, 1.

2. H. Dessau, *op. cit.*, p. 276, inscr. n° 1255. Ses hautes charges de Préfet d'Orient le conduisant en outre à pourvoir aux nominations dans l'administration, Saloustios pratique « une politique de recrutement favorable aux anciens élèves des sophistes », ainsi que le rappelle M. P. Petit (*Les étudiants de Libanius*, p. 79 et 80, et 102) ; la correspondance que lui adressa Libanius prouve tout l'intérêt du Préfet pour les problèmes d'éducation. (Cf. Seeck, *op. cit.*, p. 267, 379 et 399.)

3. Amm. Marcell., *ibid.*, 4, 4.

4. Libanius, *Epist.*, *add.* 72 (1141), selon la numération de Seeck.

5. Amm. Marcell., *ibid.*, 5, 2-5.

6. *Ibid.*, 6 à 9.

de l'intègre Saloustios, et les intrigues de ses amis le firent remplacer à la Préfecture d'Orient par Nébridius, que d'ailleurs Procope fit jeter en prison dès son arrivée à Constantinople[1]. Cependant, au poste vacant l'usurpateur nomma Araxius que son gendre Agilon, appelé à la direction des affaires militaires, avait réussi à faire agréer[2]. Enfin, Valens, après la mort de Procope, sous l'influence de son entourage corrompu[3], oublia de rappeler — pour autant d'ailleurs que Saloustios eût accepté — celui qui avait si fidèlement servi pendant tant d'années la cause de l'Empire et qui, à des instants critiques, avait su maintenir la continuité du régime. On ignore à partir de ce moment quel fut le sort de l'ancien Préfet d'Orient, ainsi que la date exacte[4] de sa mort que pourtant les *Chronica alexandrina* placent en l'année 379, mais il demeure que si ses qualités furent reconnues, le pouvoir sut récompenser ses mérites : outre les charges considérables qui lui furent confiées de Constance à Valens, il fut nommé conjointement par celui-ci et son frère gouverneur de la Province d'Aquitaine, Magister memoriae, Proconsul d'Afrique, Questeur et membre du consistoire impérial, avec le titre de Comte du Premier Rang ; l'inscription précitée[5] proclame enfin dans la dédicace de la statue d'or que les Empereurs firent ériger en son honneur à Rome, qu'il avait « bien mérité de la République », et rappelle que telle promotion insigne dont il avait bénéficié sous eux lui avait été accordée sous les règnes précédents. Là encore, la justesse du choix de Julien fut confirmée de manière éclatante par ses successeurs qui, sans considération des croyances opposées à leur Foi, eurent le mérite, souvent rare chez les souverains, de conserver à l'État l'un de ses plus loyaux défenseurs.

1. Amm. Marcell., *ibid.*, XXVI, 7, 4.
2. *Ibid.*, 6.
3. Amm. Marcell., *ibid.*, XXX, 4, 1 et 2 ; sur le rôle de Cléarque dans cette affaire, voir Seeck, *op. cit.*, p. 267.
4. Malgré l'hypothèse de Seeck, *ibid.*, il ne paraît pas que l'on puisse induire de la remarque d'Ammien Marcellin, *ibid.*, XXX, 2, 3, qu'il faille placer Saloustios parmi les anciens plénipotentiaires de 363 qui étaient morts avant 377.
5. H. Dessau, *op. cit.*, n° 1255.

L'objet et la date du traité **Des Dieux et du Monde.**

Une étude exhaustive de la correspondance de Libanius[1] révèle l'étendue de ses échanges épistolaires avec Saloustios, et si l'on peut savoir par les réponses conservées du sophiste la variété des préoccupations du Préfet d'Orient, on ne peut que regretter la perte de ses lettres qui révéleraient ses réactions spontanées et le fond même de sa sensibilité, hors de la forme solennelle du style administratif et de la réserve imposée à l'homme d'État responsable des grands services de l'Empire.

Le Code de Théodose, d'autre part, nous a transmis un certain nombre de textes juridiques promulgués par l'adjoint de l'Empereur[2] et l'on peut encore lire de lui les décrets et ordonnances pris depuis le premier mars 362, moins de trois mois après son élévation à la Préfecture.

Au nombre des textes perdus de Saloustios, il convient de placer une *Histoire des hauts faits de l'Empereur ;* l'allusion — si discrète soit-elle — de Julien permet de penser qu'elle fut au moins consacrée aux événements de sa vie que son Questeur, puis son Préfet, avait pu « observer lui-même sans recueillir de récits imaginés au gré hasardeux de la sympathie ou de l'inimitié »[3]. Déplorant, en effet, « l'arrogance d'Alexandre » qui n'avait pas su trouver « un Homère »[4] pour proclamer ses exploits, Julien se flatte d'avoir obtenu « l'approbation d'un héraut qui a été l'auxiliaire de tout ce qu'il a fait »[5] ; outre qu'Oribase séjournait en Orient et n'avait pas de fonctions politiques, et qu'Ammien Marcellin commença son *Histoire* en 366, probablement à Antioche, Saloustios demeure le seul à pouvoir être ainsi désigné, qu'il ait spontanément choisi d'entreprendre cette tâche ou qu'il l'ait fait à la demande de Julien[6].

1. Voir dans O. Seeck, *ibid.*, le relevé des Lettres de Libanius à Saloustios.

2. O. Seeck, *ibid.*, p. 267, rappelle un ensemble de lois promulguées par les soins du Préfet d'Orient.

3. Julien, *Oratio*, VIII, 251 C.

4. *Ibid.*, 250 D à 251 B.

5. *Ibid.*, 251 C.

6. Cette seconde hypothèse est celle de Bidez, *Discours de Julien César*, p. 204, n. 1.

Dans l'état actuel de la recherche, un seul ouvrage de Saloustios nous est parvenu, le traité *Des Dieux et du Monde*, dont le titre transmis par les manuscrits impose une remarque préliminaire : c'est à Léon Allatius que l'on doit le titre Περὶ Θεῶν καὶ Κόσμου sous lequel on désigne l'ouvrage depuis 1638. Les copistes des manuscrits ont en effet confondu l'indication de la fin du texte précédent — les *Allégories homériques* d'Héraclite le Rhéteur — avec celle du début de l'œuvre de Saloustios, d'où la note marginale du ms. V dont le scribe avoue son incertitude devant ce qu'il transcrit : ἐν τῷ τέλει τοῦ προηγουμένου ἐγέγραπτο ἄδηλον ἔιτε ἀρχὴ εἴτε τέλος τοῦτο. Par suite d'une faute fréquente de transcription — le saut du même au même[1] amenant la chute de Περὶ Θεῶν qui se trouvait répété de l'*explicit* au titre suivant —, le copiste de l'exemplaire translittéré semble être passé de Ἡρακλείτου ὁμηρικῶν προβλημάτων εἰς ἃ περὶ Θεῶν Ὅμηρος ἠλληγόρησεν à Σαλουστίου [Φιλοσόφου] κεφάλαια τοῦ βιβλίου en omettant < Περὶ Θεῶν καὶ Κόσμου >[1] précédant le nom d'auteur[2], erreur qui fut reprise par le ms. A source de la tradition que nous lisons aujourd'hui, et qui — sans être comprise — fut relevée toutefois par le copiste de V.

Par sa formation intellectuelle, Saloustios s'était familiarisé depuis longtemps avec les problèmes exégétiques posés par les croyances traditionnelles et le sens des divers mythes. D'autre part, l'enseignement dispensé dans les grands centres universitaires du IVe siècle produisait encore « une culture indifférenciée, mais de très haute qualité intrinsèque », permettant « d'obéir à toutes les injonctions de l'esprit et de la conjonc-

1. Ce qui ne permet pas cependant de reconstituer la linéation de l'archétype.

2. Sans reprendre les arguments présentés pour l'identification de Saloustios, précisons que la seule forme connue des manuscrits ne comporte pas de gémination du « λ », et que le surnom de « *Promotus* » est le fruit d'un contre-sens sur deux passages d'Ammien Marcellin (*ibid.*, XXI, 8, 1 et XXII, 3, 1) où l'on fait d'un participe, à fonction purement verbale, un nom sans s'apercevoir qu'ainsi construite la phrase perd toute sa valeur : l'attitude conservatrice devant le témoignage des manuscrits s'impose.

ture »[1]. L'homme doué, formé par les disciplines classiques, pouvait alors, Julien lui-même nous en assure[2], « soit allumer le flambeau de la science, soit se tourner vers la politique ou vers la guerre, soit enfin parcourir la terre et la mer : véritable mission de héros ». Comme la propagande du christianisme multipliait les attaques contre les croyances qui soutenaient cette culture, il convenait d'en assurer la défense et, si possible, l'extension, en présentant une conception du Monde rénovée, parfois même telle qu'aucun des anciens ne l'avait formulée. Même parmi les foules non christianisées, l'effort de redressement religieux s'imposait : le scepticisme ou l'outrance des mystères orgiastiques jetant le trouble dans les consciences, les cultes anciens s'ébranlent, la foi païenne tout entière vacille, « in se magna ruunt ». Quant au mouvement mystique qui portait tant d'hommes incertains de la voie du salut vers une multiplication des initiations, qui hésitaient sur leurs devoirs pieux — même après une conversion au christianisme —, ou qui mêlaient l'adoration au Christ à celle des anciens Dieux[3], il suffisait d'une crise de doute pour les ramener au polythéisme[4] ; mais « il manquait à celui-ci un corps de doctrines, une organisation des dogmes en symboles, un exposé cohérent de ce qu'il fallait croire ou pratiquer »[5]. C'est pour combler une lacune d'une telle importance qu'au moment où il donnait ses soins à l'organisation religieuse de l'Empire, Julien s'engagea dans la voie du dogmatisme et se préoccupa de faire rédiger un *credo* de toutes les propositions majeures de la foi qu'il restaurait : c'est à cet effort de fixation des doctrines que se rattache la composition du Περὶ Θεῶν καὶ Κόσμου de Saloustios, qui joua ainsi le rôle de catéchisme officiel de la religion nouvelle.

1. H. I. Marrou, *Histoire de l'éducation dans l'antiquité*, p. 304.
2. *Contra Galilaeos*, d'après S. Cyrille, *Pro christiana religione*, 229 E.
3. Voir en particulier l'attitude de l'évêque d'Ilion, Pégase, dans Julien, *Lettre* 79, édition Bidez, p. 85-86.
4. J. Bidez, *Vie de l'Empereur Julien*, p. 82.
5. A.-J. Festugière, *Trois dévots païens*, III, Paris, La Colombe, 1944, p. 9.

Sans aborder l'étude de la date du traité *Des Dieux et du Monde*, Orelli avait remarqué dans l'interprétation du mythe d'Attis, qu'il présente, un emprunt direct au *Discours sur la Mère des Dieux*[1], à la fois dans les expressions mêmes et la conception théologique qu'il présente ; or l'Empereur nous apprend que son exégèse lui est personnelle, et ne doit rien à un prédécesseur[2] pour cette oraison « composée en une faible partie de la nuit », que Libanius situe la veille ou le lendemain de celle où il rédigea sa réponse au cynique Héraclius[3]. Reprenant les travaux de W. Schwarz[4], J. Geffcken[5] put très vraisemblablement situer ce cinquième discours de Julien au moment de l'équinoxe de printemps 362 ; quant au Περὶ Θεῶν καὶ Κόσμου, nécessairement postérieur à sa source, il ne put être écrit avant les dix derniers jours de mars de la même année. Si d'autre part on considère que l'ouvrage ne présente aucune agressivité à l'égard des Chrétiens, dont il laisse aux Dieux le soin de punir les erreurs, on ne peut supposer une rédaction postérieure au bannissement d'Athanase d'Alexandrie : deux jours avant, le 22 octobre, l'incendie de Daphné avait marqué la fin de la tolérance relative de Julien. Et même, si l'on songe qu'avant la promulgation de la loi scolaire du 17 juin la politique de l'Empereur restait conforme au programme exposé dans l'*Épître à Thémistius*, et que les approches du solstice d'été marquèrent[6] la « substitution d'un sectarisme théocratique à la prudence et à la modération d'un monarque éclairé », on serait tenté de placer la composition du traité de Saloustios entre le 22 mars et le 16 juin 362, aucune faille n'apparaissant entre les doctrines exposées et la réalité politique.

1. 165 B-180 A ; Orelli d'ailleurs ne faisait qu'étendre, p. 84-87, les remarques d'Holstenius et de Formey.
2. 161 C et surtout 178 D.
3. Libanius, *Oratio*, XVIII, 157.
4. W. Schwarz, *De vita et scriptis Juliani imperatoris*, Dissertation de Bonn, 1888, p. 11.
5. J. Geffcken, *Kaiser Julianus*, Leipzig, Dieterich, 1914, p. 98 et suiv.
6. J. Bidez, *Vie de l'Empereur Julien*, p. 261.

L'esprit de l'ouvrage et sa composition.

Que le Περὶ Θεῶν καὶ Κόσμου soit le fruit des discussions amicales et des échanges continuels entre l'Empereur et son Préfet d'Orient, c'est ce que je me suis efforcé de montrer dans un article sur l'influence de Julien telle qu'elle apparaît dans ce traité[1], mais il demeure que le propos de Saloustios ne pouvait être celui de son ami qui s'adressait aux grands dignitaires de l'Église hellène, alors que notre auteur se donnait pour tâche à la fois de rappeler aux fidèles les croyances fondamentales de leur foi, et de leur fournir des exemples d'exégèse relatifs aux points de doctrine soulevant le plus grand nombre d'objections de la part des adversaires[2]. Dans l'œuvre considérable d'union des doctrines païennes contre les incessants progrès du Christianisme, il s'agissait d'accorder les thèmes traditionnels de la religiosité classique avec le mysticisme ardent des sectes orientales, et de faire une place à toutes les doctrines philosophiques en rapprochant Platon de Démocrite ou d'Héraclite : seul Épicure se trouvait banni irrévocablement de la nouvelle cité des Dieux[3]. La fusion des dogmes fut entreprise au nom de la raison qui en acceptait les postulats et proclamait les vérités : bonté, impassibilité et éternité des Dieux, immortalité et divinité des puissances secondaires, des Démons[4] et des Anges, éternité et indestructibilité du Monde, vertu des rites suivis dans les mystères et valeur des oracles, métempsychoses nécessaires mais uniquement en des corps « raisonnables », retour enfin des âmes immortelles auprès des Dieux pour la direction du Monde lorsque sera achevé pour chacun le cycle des renaissances ; dans cet exposé de ce que tenaient pour vrai les meilleurs des païens, bien des points se retrou-

1. G. Rochefort, *Le* Περὶ Θεῶν καὶ Κόσμου *de Saloustios et l'influence de l'Empereur Julien*, dans *R.E.G.*, LXIX, n° 324-325, 1956, p. 50-66.

2. *Ibid.*, p. 53 et 66.

3. Saloustios, *De Diis et Mundo*, IX, 3, 7-9.

4. Sur la démonologie de Saloustios, voir G. Rochefort, *La démonologie de Saloustios et ses rapports avec celle de l'Empereur Julien*, dans *Lettres d'Humanité*, t. XVI, 4e série, n° 4, décembre 1957, et dans *R.E.G.*, LXX, n° 331-332, p. XIII-XV.

vaient qu'un Chrétien impartial n'eût pas désavoués[1].

Rassemblant dans son traité les éléments qu'il importait de connaître sur les vérités incluses dans les mythes, ainsi que les rites permettant à l'âme de s'unir à la divinité, Saloustios laisse parfois parler directement Platon, Jamblique ou Julien, mais la plupart du temps il parle en leur nom alors qu'il semble le faire pour lui[2]. Ce grand seigneur ne fait pas un cours, et fréquemment il renvoie son lecteur aux ouvrages spécialisés[3] : il initie mais laisse aux spécialistes le soin des discussions techniques qui dépassent le cadre de son livre. Dans ces courts rappels de problèmes religieux et moraux intéressant tous les hommes qui réfléchissent, de nombreux contacts s'établissent avec les philosophies antérieures ; mais la reprise de l'étude de nombre de ces questions par des auteurs postérieurs — en particulier par Proclus — conduit à rendre au Περὶ Θεῶν καὶ Κόσμου une importance qu'une diffusion prétendument « infime »[4] ne saurait expliquer.

Un premier examen des sources possibles de Saloustios peut faire songer à un vaste brassage des doctrines en un syncrétisme qui n'exclurait que les conceptions épicuriennes ; de nombreux traités philosophiques commencent en effet par un rappel des notions communes (§ I) et de la cause première (§ II), la rhétorique sophis-

1. Considérant à part l'ensemble des ouvrages polémiques de Julien, il convient de distinguer deux aspects dans son œuvre : d'une part les Discours où il expose, hors de toute préoccupation d'application immédiate, les points de dogme auxquels la tradition exégétique né donnait pas de réponse suffisante, et d'autre part les lettres pastorales, mandements et encycliques qu'en tant que Souverain Pontife (*Epistulae*, 451 B) il diffuse dans l'Empire : on y trouve des instructions détaillées sur la vie de l'Église, les devoirs des prêtres et l'application pratique des préceptes (*Lettres* 84-89 de l'édition Bidez), mais le caractère très particulier de ces écrits ne peut se comprendre que si l'on songe au public restreint auquel ils étaient destinés — grands prêtres, prêtresses, chefs de communautés — ; pour Saloustios au contraire, la généralité des exposés s'imposait, ses lecteurs n'étant pas des « spécialistes » en matière religieuse.

2. A ce propos, voir G. Rochefort, *R.E.G.*, LXIX, p. 53 et 54.

3. *De Diis et Mundo*, VI, 1, 5 et 6.

4. A.-D. Nock, *Sallustius — concerning the Gods and the Universe*, p. CIII.

tique est à l'origine de la classification des mythes (§ IV), et l'orphisme avait déjà expliqué les délais de la justice divine (§ XIX) tout en décrivant les récompenses des âmes vertueuses après la mort des corps (§ XXI). Le Christianisme lui-même avait condamné le matérialisme égyptien (§ IV) et l'attitude anti-astrologique était devenue un lieu commun au IVe siècle, avant que Saloustios ne la reprît dans son livre (§ IX). Et pourtant une étude plus approfondie du Περὶ Θεῶν καὶ Κόσμου révèle une influence considérable des dogmes néo-platoniciens dans leur généralité, des doctrines de Jamblique pour les analyses plus précises, et de la pensée de Julien, qui domine l'ensemble. A.-D. Nock a essayé de déterminer en un tableau la part de ces divers apports, mais il conclut à leur égard de la même manière que moi-même lorsque j'ai étudié ce que le Préfet d'Orient doit à l'Empereur, que « la combinaison de ces courants avec les éléments traditionnels de la piété s'effectue de telle sorte que c'est dans un domaine commun que puise notre auteur »[1] ; seule une exégèse de détail est susceptible de définir chaque source, et ce sera l'objet des notes complémentaires que je joins à cette édition.

En tête du texte, les manuscrits donnent la liste des principales questions qui y seront traitées ; trente-deux « manchettes » se répartissent sur l'ensemble de l'ouvrage[2], mais si leurs indications correspondent aux sujets traités, on peut s'étonner que la mention de tel aspect nouveau de la doctrine soit parfois omise[3], ou que de très longs passages ne fassent l'objet que d'un

1. A.-D. Nock, *ibid.*, p. XCVII, à la suite du tableau synoptique des doctrines utilisées par Saloustios. Les pages XCVIII à CI présentent une analyse très complète de la notion de συναφή, la communion entre les hommes et les Dieux (*De Diis et Mundo*, XVI, 1, 10 et 11).

2. Le texte de chaque manchette est le même pour les manuscrits A et V — B ayant perdu les feuillets initiaux ; en outre, la numération correspondant à chacune a été omise par V après κα′ mais jusqu'alors elle concordait avec celle de A. Quant à la différence entre le nombre apparent des subdivisions (2 de plus dans B), elle vient de l'insertion d'une lettre-chiffre sans équivalence dans le texte, par B, qui introduit une division supplémentaire à η′ et κδ′.

3. Par exemple au § VII, aucune manchette ne correspond aux Corps célestes (3 et 4).

seul lemme[1]. Aux arguments présentés par G. Muccio[2] en faveur d'une insertion de cette subdivision étrangère à Saloustios lui-même, on peut ajouter la remarque suivante : lorsque l'auteur a désiré marquer une séparation entre les deux parties essentielles de son ouvrage[3], il a pris soin d'achever son exposé nettement, et de faire commencer la seconde partie sur un aspect tout différent de l'usage qu'il suivait jusqu'alors[4] et que le jeu des particules souligne. C'est qu'en effet Saloustios, comme Julien, considère deux degrés dans la conscience religieuse : le premier, au niveau de la masse des gens du commun, vénère des Dieux innombrables dont la hiérarchie imprécise va des Olympiens aux formes secondaires de la divinité, l'autre étant réservé aux philosophes et à ceux qui réfléchissent, auxquels s'adresse notre auteur, sans toutefois qu'il s'agisse de théologiens de profession.

Le Περὶ Θεῶν καὶ Κόσμου comprend trois sections : c'est tout d'abord, des chapitres[5] I à IV, une introduction qui rappelle les qualités exigées du disciple, les attributs de l'essence divine et un exemple d'exégèse allégorique portant sur deux mythes particulièrement importants en raison des critiques qu'ils suscitaient : ceux de Pâris et d'Attis ; c'est en deuxième lieu, des chapitres V à XII, un exposé dogmatique des vérités cardinales de la foi,

1. Entre autres, voir le § IX, où l'on n'annonce pas le développement relatif aux aberrations humaines (5, 8 à 6, 9) ou les causes de l'inégale répartition de la richesse (8, 1 à 4).

2. *Studi per una edizione critica di Sallustio filosofo*, dans *Studi italiani di filologia classica*, III, 1895, p. 25, n. 2 ; le jugement de Muccio s'appuie surtout sur les aspects formels des divergences entre manchettes et texte (singulier au lieu de pluriel — décalage entre certains énoncés de sujet et le début du développement réel, etc.).

3. XIII, 1, 1 à 3.

4. Presque tous les exposés ou discussions sont rattachés à ce qui vient d'être dit ou va être traité par δέ (ou ἀλλά, § XII ; même καὶ, §§ XI et XVIII) : on ne trouve le μέν initial qu'aux §§ I et XIII, chacune des deux sections se présentant sous la forme d'un *sermo continuus* et non sous celle d'une liste de problèmes suivis d'explications, comme c'était le cas pour les *Épitomés*.

5. Pour ce qui concerne la division actuelle en chapitres ainsi que l'origine des manchettes et leur numération, voir p. L.

auquel se rattache le problème du mal sur la terre ; c'est enfin, des chapitres XIII à XXI, la réfutation des objections soulevées contre cette déclaration de principes, et, après une explication très mesurée des causes de « l'athéisme », la vision sereine des âmes délivrées de l'enveloppe du corps qui goûtent, en communion avec les Dieux, la béatitude céleste — récompense de leur vertu.

Ainsi donc, laissant à ses croyances primaires la foule vulgaire, Saloustios s'adresse dans les deux premières sections (§ I à XII) à ceux qui « désirent s'instruire sur les Dieux » et qui « sans être nourris de folles croyances, sont naturellement bons et sensés »[1]. Cependant, cet état d'âme n'est pas suffisant pour aborder les vérités plus hautes, et recevoir cet enseignement demande en outre de « n'être pas incapable d'être dirigé selon la philosophie »[2] ; la troisième partie du traité s'adresse donc seulement à ceux qui sont suffisamment formés pour accéder à la compréhension d'une religion qui, cessant d'être un mode supérieur de Sagesse exprimée en images, offre la récompense de l'union des âmes avec les Dieux[3].

Langue et style. Déjà, dans le *Discours contre Héracleios le cynique*[4], Julien s'était élevé contre l'art déliquescent des rhéteurs et des mélodes, pour recommander une expression simple et un style naturel. L'objet du traité de Saloustios se prêtait mal « aux somptueuses harmonies des mots et de la parole » : aucune recherche verbale ne vient alourdir la clarté des propos et la précision des dogmes. L'auteur s'adresse à des lettrés, dédaignant le rappel des notions supposées acquises par la culture universitaire. Il écrira donc avec le seul désir d'être compris par des lecteurs

1. *De Diis et Mundo*, I, 1, 1 à 4.
2. *Ibid.*, XIII, 1, 2.
3. C'est en ce sens que l'on a pu dire que l'objet de l'ouvrage était « de faciliter aux prêtres leur mission d'éducation » (A. Piganiol, *Empire chrétien*, p. 137), mais il convient de noter qu'il ne s'agit nullement « de vulgariser la foi auprès d'ignorants » (F. Cumont, *R.Ph.*, XVI, 1892, p. 54) et qu'au contraire le propos de l'auteur s'adresse à un public déjà informé, et, à un second degré, aux hommes cultivés de l'Empire.
4. 236 A.

dont les loisirs sont mesurés. En général la phrase est courte, rarement périodique et aussi dense que possible ; les effets de style sont réduits au minimum. Aussi la concision voulue conduit parfois à une certaine obscurité[1], le verbe copule étant d'autre part assez fréquemment omis.

L'atticisme de Saloustios est très pur, et même plus dépouillé d'ornements que celui de Julien. On y retrouve les tours syntaxiques du meilleur usage : accusatif de relation, infinitif absolu ou substantivé, emploi de ὅσος pour ὅς[2] ; pourtant quelques formes de la κοινή sont admises : l'accusatif en -ωνα ou -ονα des mots en -ων, ou des comparatifs de la troisième déclinaison[3], l'augment syllabique en ἠ- au lieu de ἐ-, l'impératif moyen au pluriel en -έσθωσαν[4]. L'orthographe, elle aussi, est conforme à l'usage attique, à part les divergences suivantes : -σσ- au lieu de -ττ-[5], σ- au lieu de ξ- dans les composés de εἰμί, γίνομαι plus souvent que γίγνομαι. En ce qui concerne l'hiatus, bien des licences avaient été admises depuis le temps d'Isocrate, et malgré les efforts de Longin pour les supprimer, le IVe siècle les conservait généralement. Cependant Saloustios s'astreignit à éviter les chocs de voyelles entre mots véritablement autonomes tels que adjectif-substantif, substantif-verbe, tout en laissant subsister l'hiatus si l'un des deux mots en contact était un outil grammatical (article, préposition, particule, verbe copule)[6].

Contrairement à Porphyre, qui avait tant usé de l'antithèse, Saloustios n'y recourt que rarement ; il lui préfère la reprise des questions[7], et il emploie avec une certaine abondance les parenthèses[8]. Malgré la grande simplicité

1. En particulier aux chapitres : V, 3, 7 à 9 — VII, 4, 2 et 3 — XVIII, 2, 6 à 8 — XX, 2, 1 à 6 dont Orelli s'efforça de rétablir l'enchaînement complet des idées.

2. Voir Christ-Schmid, *Geschichte der griechischen Literatur*, VIe éd., IV, p. 611.

3. Cf. Ἀπόλλωνα, VI, 5, 3 ; κρείττονα, VII, 1, 3. Pour cet emploi chez les atticistes voir Christ-Schmid, *ibid.*, p. 581.

4. Cf. ἠδυνήθη, XVII, 3, 5 ; γινέσθωσαν, II, 1, 2.

5. Cf. τεσσάρων, VII, 4, 3.

6. Entre autres exemples : τὸ ἀδυνατεῖν, XVIII, 1, 5 ; ὑπὸ ἄλλου, XVII, 1, 4 ; διὸ οἱ, XV, 2, 3 ; τοῦτο ἐστι, VIII, 2, 2, etc.

7. Par exemple voir III, 4, 6 à 10 ; IX, 1, 1 à 4, etc.

8. En particulier voir II, 1, 2 et 3 τὰ γάρ... γίνονται ; IV, 5, 7 et 8 τοῦτο γὰρ ἐστιν ὁ Πάρις, etc.

du ton et le peu de cas fait aux autres figures de rhétorique, on relève des emplois occasionnels du chiasme : chiasme de mots[1], ou chiasme dans la disposition des raisonnements[2] ; à cette figure se rattachent les développements par double parallélisme[3]. Au type d'argumentation par l'absurde que Julien recherchait volontiers[4], Saloustios préfère la dialectique δι' ἀδύνατον, qui soutient l'ensemble d'un syllogisme hypothétique disjonctif[5].

La langue classique était peu accoutumée aux séquences de monosyllabes ; que ce soit par suite d'une hâte possible dans la rédaction de son traité ou négligence dans la relecture, il demeure que notre auteur en laisse subsister bon nombre qu'aucune raison stylistique ne semble justifier : les suites de trois monosyllabes sont fréquentes entre toutes[6], de même que celles de quatre[7], cinq[8] et même six[9] monosyllabes que l'on rencontre parfois. L'effet rythmique n'est point voulu par Saloustios qui ne se préoccupe que d'être clair, et pourtant on remarque chez lui une certaine observance des règles de la clausule, telles qu'on les trouve chez Himérius, qui tend à remplacer la quantité par l'accent, pour achever la phrase sur un temps fort antépénultième[10]. On relève parfois un désir de ne pas revenir aux clausules fondées sur la quantité ; mais c'est surtout avec des expressions figées[11] que ce fait s'observe, ἰδεῖν ἔστιν par exemple ayant permis de terminer une pensée sur un dimètre péonique catalectique.

1. Entre autres IV, 10, 4 et 5 : πεσόντες ἐξ οὐρανοῦ καὶ τῇ Νύμφῃ συνόντες.

2. Par exemple XVII, 1, 6 à 2, 4 : σώματος... ἀσωμάτου... ἀσωμάτου... σώματος.

3. Voir § III, 3, 4 à 7 : ὥσπερ ἐκεῖνοι τὰ μὲν... τὰ δὲ ἐκ τῶν νοητῶν..., οὕτως οἱ μῦθοι τὸ μὲν... τίνες δὲ οὗτοι...

4. *Contra Galilaeos*, 143 B.

5. XVII, 5, 5 à 9.

6. IX, 2, 2 τὰ μὲν γὰρ ; XII, 3, 1 εἰ μὲν ἐκ, etc.

7. IX, 2, 6 δὲ ἐν μὲν τοῖς ; IX, 4, 5 τὸ μὲν οὖν μή, etc.

8. IX, 8, 2 οὐ δεῖ · οἱ μὲν γάρ.

9. IX, 6, 8 πῶς γὰρ ἂν τὰ πρὸ τῆς.

10. Par exemple V, 2, 5 δι' ἀγαθότητα. De même XVII, 7, 8 ἀφανίζεσθαι.

11. Ἔστιν ἰδεῖν en particulier, à XX, 2, 2.

II

LA TRADITION DU TEXTE DE SALOUSTIOS

Le traité de Saloustios est l'un de ceux dont nous sont parvenus les manuscrits les moins nombreux et les plus récents ; tout comme pour Julien, dont les manuscrits existants ne remontent pas plus haut que le XIIe siècle[1], le plus ancien des trois manuscrits saloustéens, l'*Ambrosianus* B-99 sup., se situe à la même époque. Bien que la période paléo-byzantine soit celle où se perdirent de nombreux textes et qu'après la mort du restaurateur du paganisme ses écrits aient été en grande partie détruits, il semble que le Περὶ Θεῶν καὶ Κόσμου de Saloustios ait été conservé, après sa première diffusion, dans des conventicules « hellènes » de Syrie. Si dans les premiers mois qui suivirent la mort de Julien, les représailles furent violentes contre tout ce qui rappelait le souverain disparu, la tolérance de Jovien permit à quelques fidèles de faire paraître les premiers recueils de son prédécesseur[2], et l'on sait que Libanius, après avoir échappé aux mesures coercitives dirigées contre les défenseurs du culte réprouvé, collabora à l'une de ces éditions. Aussi, loin de penser à la destruction de l'œuvre du Préfet d'Orient[3], convient-il au contraire de supposer une copie du traité faite dans l'entourage de Liba-

1. Voir J. Bidez, *La tradition manuscrite et les éditions des discours de l'Empereur Julien*, Gand, 1929, p. 7 et 24.

2. Voir Bidez, *Vie de l'Empereur Julien*, p. 335 et suiv.

3. Il convient de se rappeler à ce propos que Saloustios demeurait un personnage considérable, assistant l'Empereur dans la gestion de la partie orientale de l'Empire.

nius, dont le « séminaire » aurait pu procurer une édition à Antioche, que les autres centres d'Asie Mineure auraient connue et reproduite, entre les années 364 et au plus tard 387 — date de la colère de Théodose contre la cité ; moins de dix ans auraient donc été laissés aux scribes de l'école de Libanius pour transcrire le Περὶ Θεῶν, si l'on admet que, la vengeance de Valens l'ayant poussé, en 371, à jeter au feu des « monceaux de livres », des menaces pesaient sur notre traité, qui expliqueraient l'arrêt de sa copie et sa mise à l'abri dans des asiles sûrs[1]. La destruction du Sérapeum sous Théodose et sa persécution contre les païens n'étant pas de nature à encourager la reprise de la copie, il semble qu'on puisse vraisemblablement placer avant 391 la constitution de l'archétype de la tradition de texte de Saloustios, dont le dernier tiers du IVe siècle aurait vu à la fois les premières copies et la constitution de l'archétype d'où dérive l'état que nous lisons aujourd'hui.

Dans le même temps, un rameau occidental de la tradition saloustéenne naissait sous les auspices de l'Université de Bordeaux, la diffusion du Περὶ Θεῶν καὶ Κόσμου s'étant étendue également à la partie gauloise de l'Empire[2]. C'est à Ausone que nous devons cette précision ; lorsqu'à sa retraite de la cour — en 388 —, il entreprit d'honorer la mémoire de ses anciens collègues, il rappela que le rhéteur Latinus Alcimus Alethius avait écrit, outre un ouvrage sur l'Empereur Julien[3], « des livres » sur Saloustios[4]. La *Commemoratio professorum burdigalensium* nous apprend qu'un certain nombre de

1. Amm. Marcell., *ibid.*, XXIX, 1, 41 et 2, 4.

2. Le texte d'Ausone écarte donc l'assertion d'A.-D. Nock qui, après avoir prétendu que le texte de Saloustios n'avait connu aucune diffusion, affirmait qu'il n'avait fait l'objet d'aucune allusion dans la littérature de l'époque (*op. cit.*, p. CIII et CIV).

3. *Commemoratio professorum burdigalensium*, II, Latinus Alcimus Alethius rhetor, vers 21 et 22.

4. *Ibid.*, vers 23 et 24 :

Salustio plus conferent libri tui
Quam consulatus addidit.

Je reviens ici à la leçon du manuscrit V qui donne pour Saloustios la seule forme attestée dans la tradition grecque, et que Peiper corrigeait à tort.

maîtres d'origine grecque enseignaient le grec à Bordeaux, mais elle constate la difficulté que cette langue présentait pour les étudiants ; aussi pouvons-nous concevoir qu'au nombre des *libri saloustiani* composés par Aléthius se trouvait un commentaire en latin accompagnant une traduction du Περὶ Θεῶν καὶ Κόσμου, une édition du texte étant impliquée par ces travaux. Saloustios avait séjourné un an à Trèves auprès de Valentinien jusqu'à ce que le partage de l'Empire l'appelât à regagner l'Orient comme Préfet d'Orient de Valens[1] ; or c'est en 364 qu'Ausone fut appelé sur les bords de la Moselle par Valentinien. Le précepteur de Gratien put donc y avoir connaissance du traité de Saloustios, dont le contenu, correspondant à ses sentiments profonds, aurait pu ainsi être communiqué à Bordeaux, où il deviendra — entre 365 et 388[2] — l'objet des recherches du savant Aléthius. Malgré cet effort de diffusion en Gaule du Περί Θεῶν καὶ Κόσμου, la copie ne s'en développa point ensuite, et la tradition bordelaise nous est inaccessible aujourd'hui : il est agréable, après bientôt seize cents ans, de revenir à ces efforts philologiques.

L'immense butin fait par Khosroès Ier à Antioche[3] comprenait la bibliothèque, et les savants grecs réfugiés à Ctésiphon, aux termes du traité signé en 535 avec Justinien, eurent la possibilité de lire l'archétype de Saloustios[4] que la tolérance du roi laissait à leur disposition[5]. Puis lorsque le calife Mamoûn eut fondé à Bagdad la « Maison de la sagesse », il y fit rassembler les livres grecs de science et de philosophie ; parmi les textes qui, dès 832, furent lus et commentés, ceux des néo-platoniciens de l'école de Porphyre eurent une place de choix, et, si rien n'a subsisté d'un éventuel commentaire arabe

1. Voir plus haut, p. xx.

2. Moins de vingt ans se seraient ainsi écoulés entre la première édition du Περὶ Θεῶν καὶ Κόσμου par Saloustios lui-même et l'édition bordelaise.

3. En l'an 540.

4. Sous Sapor déjà, les Perses avaient tenu à marquer leur admiration pour leur adversaire de 363 (Libanius, *Orat.*, XVIII, 305 et XXIV, 19).

5. L'École d'Athènes avait été fermée en 529 et les philosophes païens avaient été chassés de l'Empire.

du Περὶ Θεῶν καὶ Κόσμου, la prise de Bagdad[1] par les Seldjoukides permettrait d'en expliquer la perte. Au milieu du xe siècle, en 945, Ahmed Mouiz-é-Dawla y avait installé un régime farouchement hostile à tout ce qui n'était pas persan ou rappelait les Abbassides[2], et sa xénophobie contraignit les lettrés grecs à rentrer à Constantinople avec leurs livres : dès lors va s'épanouir le second hellénisme dont la capitale de l'Empire Romain sera le centre. Tout cela est évidemment hypothèse.

Malgré le renouveau des lettres profanes sous le César Bardas et la constitution d'un *corpus* des philosophes[3], il faudra attendre le dernier tiers du xe siècle pour voir réapparaître les auteurs néoplatoniciens qui, peu après leur retour de Perse, seront translittérés[4] à leur tour. Outre l'histoire de la philologie, l'étude du manuscrit A de Saloustios nous révèle qu'il repose sur un modèle écrit autour des années 970 et 995, copie effectuée sur l'exemplaire translittéré très peu de temps après le μεταχαρακτηρισμός, à Constantinople. Je ne puis donner ici un relevé exhaustif des fautes qui permettent de reconstituer l'écriture que lisait le scribe de A, mais qu'il me suffise de rappeler que les leçons ποιοῦσιν pour ποιῶσιν (III, 2, 5), πρώτους pour πρώτως (VI, 4, 5), ποιοῦντας pour πονοῦντας (IX, 3, 3), et εὐγενείαν pour εὐτεκνίαν (IX, 5, 9), s'expliquent par une tendance de l'ω fermé à s'ouvrir et même à se séparer légèrement, ainsi que par l'emploi du κ minuscule ligaturé à un ν affecté d'un jambage excédentaire pouvant être confondu avec un ε demi-couché — faits paléographiques caractéristiques des trente dernières années du xe siècle. Il demeure en tout cas que l'on a affaire, pour le Περὶ Θεῶν καὶ Κόσμου, à une tradi-

1. En l'an 1055.

2. Je dois cette précision à mon ami Édouard Sablier.

3. Cette collection comprenait essentiellement Platon et Aristote accompagnés de leurs commentateurs (T. W. Allen, *Journal of Philology*, XXI, 1892, 47-51). A noter cependant qu'Albinos figure déjà dans le *Parisinus Graecus* 1962, du IXe siècle.

4. Voir à ce propos A. Dain, *La transmission des textes littéraires classiques de Photius à Constantin Porphyrogénète*, dans *Dumbarton Oaks Papers*, VIII, Harvard University Press, 1954, p. 44, et, du même auteur, *Une introduction inédite à l'Épictète chrétien*, dans *Mélanges Diès*, Paris, J. Vrin, 1956, p. 63.

tion fermée donc à un seul texte retransmis, de tradition récente.

Le manuscrit le plus ancien qui nous soit parvenu de Saloustios est l'*Ambrosianus* B-99-sup.[1], que je désignerai par le sigle A. C'est un manuscrit de papier dont le format est de 251 mm. × 163 mm., et qui après trois feuilles blanches donne cent quatre-vingt-dix folios de texte, suivis de deux feuillets vierges. Ce livre composite est formé de la réunion de trois *codices* écrits aux XIIIe et XIVe siècles, et le Περὶ Θεῶν καὶ Κόσμου se trouve dans le premier de ceux-ci (fol. 1 à 6^v^) encadré par la fin des *Allégories homériques* d'Héraclite le Rhéteur[2] et vingt vers de Jean Tzetzès *Sur Proclus interprète d'Hésiode*[3]. Il a trente-trois lignes par page pleine, et généralement quarante-cinq lettres par ligne ; la table des chapitres du traité de Saloustios n'est séparée par aucun bandeau de l'explicit d'Héraclite, et seule la mise en saillie du sigma initial de Σαλουστίου signale notre texte au lecteur. Les changements de paragraphes ne sont indiqués que par la numération marginale[4] extérieure, correspondant à des *blancs* très réduits, et seule une croix discrète accompagne le dernier mot du texte. Rien n'est fait ici pour l'agrément et c'est assurément un manuscrit destiné à l'étude — voire un texte copié par un professeur pour son usage personnel — que Manuel Xanthopoulos posséda[5] après d'autres, avant que Jean-Vincent Pinelli n'en fît à son tour l'acquisition[6]. Ce fait explique les traces d'humidité constatées à plusieurs endroits et qui effacèrent en partie l'écriture : on sait en effet que la bibliothèque de cet humaniste souffrit de son immersion partielle lors de l'attaque par les Turcs du navire rame- **A**

1. J'ai cru devoir compléter ici la description du catalogue de la bibliothèque ambrosienne de Martini et Bassi.
2. Elles n'occupent que les onze lignes supérieures du folio initial et furent ensuite biffées par Pinelli qui plaça au-dessus un sommaire réduit du contenu de ce *codex*.
3. Ce poème, disposé sur trois colonnes, est dû à une main du XIVe siècle.
4. Elle comprend trente-deux manchettes.
5. Manuel Xanthopoulos donne cette précision au folio 181^v^.
6. Comme l'a montré Muccio, *Studi sopra Sallustio filosofo*, dans *Studi Italiani di filologia classica*, t. III (1895), p. 3.

nant ses livres à Naples, après sa mort[1]. Ce *codex*, écrit sur papier oriental, sans filigrane, dont la reliure est postérieure à son regroupement avec les deux liasses qui l'accompagnent, peut être daté du dernier quart du XIIIe siècle : l'étude de la forme des lettres permet de le situer entre 1280 et 1300[2], confirmant en cela les enseignements de l'histoire de la philologie[3].

A ce *codex* réduit à un ternion se trouve actuellement réuni un ensemble *bucolique* comprenant (fol. 7 à 13[v]) l'*Europè* de Moschos — suivie de deux notules sur l'enseignement encyclopédique et la naissance de l'homme —, la *Hache* de Simmias et l'*Autel* de Dosiadas, ces deux poèmes étant accompagnés du commentaire de Manuel Holobolos ; Théocrite, avec la *Syrinx*, achève la série de ces textes que clôt un fragment *Sur les inconvénients du mariage*. Le troisième et dernier *codex* formant le manuscrit A, tel qu'on le trouve maintenant, présente l'*Odyssée* (I, 1 à XXI, 134), des folios 14 à 190.

En dépit de la provenance différente de chacune de ces tranches et de la diversité des auteurs que l'on y lit, leur groupement révèle chez celui qui l'effectua un goût pour les problèmes d'interprétation, qu'il s'agisse des notes accompagnant l'*Odyssée* ou les textes bucoliques ; or l'exégèse allégorique était à la mode dans le cercle de Pinelli à Padoue et l'on peut vraisemblablement attribuer au savant prélat le rassemblement sous une même reliure de textes jusqu'alors séparés, Héraclite et Saloustios ouvrant la série des interprétations sur Homère, les Dieux et le Monde.

Plus de deux siècles s'écoulèrent alors avant que ne reprît la copie du Περὶ Θεῶν καὶ Κόσμου et, malgré l'effort de l'Académie platonicienne de Laurent de Médicis, ni les études de celui-ci sur Julien, ni celles de Marcile Ficin

1. Voir à ce propos Paulus Gualdus, *Vita Pinelli*, Vienne, 1607, p. 111.

2. La présence constante du β pansu, et la généralisation du γ oncial, des ε, η, ν de type « moderne », ainsi que du φ sans boucle sont à cet égard caractéristiques.

3. Sur « le nouvel essor de la philologie et de la copie des manuscrits » à cette époque, voir A. Dain, *Les Manuscrits*, Paris, Belles Lettres, 1949, p. 131.

sur Plotin ou Porphyre ne les conduisirent au traité du Préfet d'Orient. La curiosité de Pinelli le menant à rassembler en un seul manuscrit divers ouvrages disséminés jusqu'alors à travers des cahiers épars est à l'origine de la composition de l'*Ambrosianus* O-123-sup. qui groupe **B** un ensemble d'interprétations diverses ou de renseignements relatifs aux fastes de l'Empire et aux institutions de l'Église. Ce manuscrit que j'affecte du sigle B, écrit sur papier occidental, dont le format est de 222 mm × 161 mm, est dû à plusieurs copistes et est constitué par la reliure en un tout de neuf *codices*[1] : le texte de Saloustios (fol. 59 à 67) — d'ailleurs mutilé en son début[2] — est le premier de la sixième liasse, qui présente en outre l'*Europè* de Moschos, une notule sur l'enseignement encyclopédique, l'*Exposition sur les poèmes figurés* de Manuel Holobolos, suivie de la *Hache* de Simmias et de l'*Autel* de Dosiadas, avec scholies métriques en marge (fol. 67 à 72ᵛ).

Bien que la moitié des tranches composant le manuscrit B soit due à la plume de scribes anonymes, on peut connaître le nom de ceux qui ont copié certains textes, en particulier Camille de Venise[3] et le moine Philothée[4] ; quant à la série de textes groupés avec le Περὶ Θεῶν καὶ Κόσμου, on en doit la calligraphie à Manuel More, copiste crétois du XVIᵉ siècle, dont nous possédons une ample production[5]. Son écriture très régulière — vingt-huit lignes à la page à raison de quarante lettres par ligne — est sans fantaisie, elle ne s'accompagne d'aucun ornement ni de lettres en saillie, pas même de retrait de quelques

1. Ils se décomposent comme suit : Fol. 1-9ᵛ, 10-31ᵛ, 32-33ᵛ, 34-51ᵛ, 52-58ᵛ, 59-72ᵛ, 73-119ᵛ, 120-156ᵛ, 157-198ᵛ — le tout précédé de quatre pages de garde blanches. Pour le détail des textes présentés par le manuscrit, voir Martini et Bassi, *Catal. codd. graec. Bibl. Ambros.*, t. II, Milan, 1906, p. 689-694.

2. Le texte ne commence qu'au chapitre II, 2, 5 : ζῴου αἱ αἰσθήσεις.

3. Camille de Venise copia en effet les folios 10 à 31ᵛ, pour le compte de Pinelli.

4. Philothée écrivit les folios 120 à 156ᵛ en 1550, ainsi qu'il en témoigne dans sa souscription.

5. Manuel More copia les folios 34 à 51ᵛ et 59 à 72ᵛ. Sur ce copiste, voir A. Dain, *Un manuscrit reconstitué*, dans *R.E.G.*, XLV (1932), p. 250-270.

lettres dans la ligne au changement de paragraphe dont la numération est rigoureusement indiquée en marge[1] : rien ne vient rompre la sobre simplicité de ce livre de bibliothèque privée. Le filigrane du papier — trois monts inscrits dans un cercle surmonté d'une croix à long fût — correspond exactement au nº 11.914 du répertoire de Briquet et désigne un papier italien utilisé à Padoue en 1552 : c'est donc à une date qui correspond vraisemblablement à la sixième décade du XVIe siècle qu'il convient de placer la copie de notre Saloustios, époque qui marque l'apogée du centre créé dans cette ville par Jean Vincent Pinelli — lequel fit relier dans le manuscrit un certain nombre de textes de sa main et en particulier un *index alphabétique des offices du palais impérial de Constantinople*[2]. En outre, la présence de l'ensemble de textes copiés par Camille de Venise — scribe dont on sait qu'il était attaché à la bibliothèque du prélat — permet d'établir que l'on a ici affaire à un manuscrit transcrit par ordre de l'humaniste dans son propre *scriptorium* et destiné à être étudié sur place par les savants qu'il avait groupés autour de lui à Padoue.

De même que le manuscrit A faisait une large place aux textes interprétatifs, B est lui aussi consacré en grande partie à l'explication de curiosités diverses, de raretés allant jusqu'à l'œuvre d'Hippocrate de Chios *Sur la quadrature du cercle* (fol. 50 et 51v) ou aux poèmes figurés qui voisinent avec le rappel d'usages religieux ou politiques et de la chronologie du Monde. On reconnaît dans ce livre l'intérêt porté par le centre de Padoue à l'exégèse allégorique, mais cette fois c'est dans un contexte différent que le manuscrit B présente Saloustios : il a fait un choix dans les textes que présentait son modèle — Théocrite en est exclu — et Pinelli fit relier avec lui des textes pris dans d'autres manuscrits, problème auquel je consacrerai ailleurs une étude. On a vu que pour la partie présentant le Περὶ Θεῶν καὶ Κόσμου

1. Le manuscrit B présente en effet le texte de Saloustios en 34 manchettes et non 38 comme le prétend Nock, p. CXXI, qui lit λη' au lieu de λδ', le *ductus* du copiste ne lui étant pas familier. Sur le problème des manchettes, voir ci-dessous, p. L.

2. Fol. 179 à 198.

B donne un texte mutilé en son début[1], mais il est à noter qu'à l'intérieur même du traité, le développement s'étendant des chapitres xii, 6, 3 à xiv, 3, 6 (εὐχαίτε... ἀποστρέφεσθαι καὶ τόν) manque également ; cette double lacune résulte d'un accident matériel connexe : la chute de la feuille extérieure d'un quaternion. Les parties perdues correspondraient donc aujourd'hui à des folios 58 *bis* et 64 *bis*.

Il n'a pas été difficile de reconnaître le modèle du manuscrit B : c'est notre autre *codex* ambrosien, le manuscrit A. Quoique Manuel More fût en effet un copiste averti, il n'a pu déchiffrer sur son modèle certains mots ou parties de mots qu'il a honnêtement laissés en blanc dans sa copie. Nous donnant ainsi une marque de fidélité scrupuleuse à sa source, la chute de certaines parties est due tantôt à l'impossibilité d'interpréter le *ductus* particulier et souvent inattendu de certains groupes de lettres[2] du calligraphe de A — on sait que les manuscrits des environs de l'an 1300 sont ceux que les copistes du xvie siècle lisaient le plus difficilement —, tantôt à l'effacement de l'écriture sur papier[3], comme il arrive souvent lorsqu'un tel livre a souffert de l'humidité. Au total, le manuscrit B, qui offre l'avantage de donner une preuve de la curiosité que l'on avait pour Saloustios dans le milieu lettré où vécut Manuel More, ne verra que rarement son sigle apparaître dans l'apparat critique de la présente édition, sa source étant conservée.

C'est également un manuscrit composite que le *Vaticanus Barberinianus Graecus* I-84. A travers des auteurs **V** allant d'Aristote à la première moitié du xve siècle — où Bessarion occupe une place de choix —, l'unité doit être cherchée dans la présentation d'un choix de textes significatifs de la pensée néoplatonicienne, ancienne ou récente : le Περὶ Θεῶν καὶ Κόσμου de Saloustios y trouve

1. Voir ci-dessus p. xxxix et n. 2.

2. Ainsi, fol. 60, l. 14 le monocondyle καὶ πᾶσα (IV, 6, 3) et, fol. 65^v, l. 20 ποῦ (XVII, 3, 9).

3. Témoins les lacunes correspondant à ἀνάγκη (VII, 1, 2), aux finales -έντων de βλαβέντων (VIII, 4, 5) et -τα de ἔχοντα (IX, 3, 4), à μέν (IX, 7, 1) et aux deux dernières syllabes de εὔλογον (XVIII, 3, 2).

justement sa place. Ce manuscrit de papier, que je désignerai par le sigle V, a un format de 210 mm × 150 mm. Il est écrit d'une main habile et régulière du XVIe siècle[1], celle de l'humaniste Constantin Patricios qui, s'il ne s'est pas soucié de calligraphie, a cherché avant tout la netteté, sans additions marginales ni bandeaux ornés. On compte trente lignes par page pleine, d'une écriture serrée de cinquante-cinq lettres environ à la ligne. Au verso du plat antérieur de la reliure — celle-ci constituée d'une feuille de parchemin appliquée sur du carton —, figure une table sommaire du contenu, écrite en grec, le feuillet numéroté 1 donnant une seconde table, en latin cette fois, mais également incomplète[2]. Sans compter la page de garde — hors numération —, le livre comprend 242 folios, mais on est frappé par le nombre de pages vierges[3] de toute écriture ou donnant simplement le titre latin de l'œuvre qui suit immédiatement ; il semble qu'à l'origine ces « blancs » étaient destinés à recevoir les notes d'étude que l'on place aujourd'hui dans les exemplaires interfoliés.

Le manuscrit V est actuellement formé de la réunion de cinq *codices* dont les deux premiers donnent le texte d'un *commentaire anonyme sur le Traité des couleurs d'Aristote* (fol. 3 à 15) et l'ouvrage de Nicéphore Chumnos *Contre le philosophe Plotin* (fol. 19 à 39) ; le troisième ensemble présente le texte de Saloustios (fol. 41 à 55) suivi, comme dans A, des notules sur l'enseignement encyclopédique et la naissance de l'homme — celles-ci occupant, ainsi qu'une note sur Hésiode, la dernière page du quaternion. La polémique néoplatonicienne contre l'aristotélisme forme la quatrième tranche du manuscrit avec des textes de Michel Apostolios, Pléthon

1. Malgré l'affirmation de F. Cumont, *Salluste le philosophe*, dans *R. Ph.*, t. XVI, 1892, p. 55, la légère variation de l'écriture du manuscrit s'explique non par l'existence de plusieurs copistes mais par la réunion de groupes de feuilles écrites à des moments différents par le même homme qui ne retrouvait pas alors un *ductus* identique à celui de la précédente copie ; c'est ce que remarquait déjà Muccio, *op. cit.*, p. 8.

2. Pour le contenu de ces tables, voir Muccio, *ibid.*, p. 8-9.

3. Muccio, *ibid.*, p. 7 et 8, donne l'énumération de ces feuilles laissées en blanc.

et Bessarion[1] (fol. 73 à 144) et la *Réfutation de Scholarios par Pléthon* achève l'ensemble (fol. 145 à 234).

L'examen des filigranes de quatre groupes de cahiers constitutifs du manuscrit V révèle des papiers fabriqués dans le Nord de l'Italie vers les quatrième et cinquième décades du XVIe siècle, et la diversité de leur origine, jointe aux faibles variations de leur date, apporte une nouvelle preuve du morcellement du travail de copie effectué par le scribe. Quant à la marque présentant un ange surmonté d'une étoile et que l'on distingue dans la tranche contenant le texte de Saloustios, il s'agit non pas de la moitié d'une scène représentant l'Annonciation — filigrane qui n'a été employé que très peu d'années[2] — mais il correspond au n° 648 du répertoire de Briquet et désigne un papier fabriqué en Vénétie[3], connu par un document daté de 1561 : incontestablement notre *codex* a été écrit dans les années qui suivirent immédiatement ce moment et avant 1570. On sait, en effet, que l'humaniste Constantin Patricios fut le propriétaire de ce livre grâce à la note qu'il écrivit en haut du verso du plat antérieur de la reliure : Κωνσταντίνου τοῦ Πατρικίου καὶ τῶν φίλων, et l'on doit à Muccio l'identification de l'écriture du manuscrit comme étant celle de ce savant[4], qui serait arrivé à Padoue vers l'année 1560[5], où il s'agrégea au groupe des humanistes réunis autour de Pinelli[6]. Le départ de celui-ci pour Naples, en 1570, marqua un fléchissement de l'activité philologique du Centre de Padoue, et cette date semble être le *terminus post quem* auquel il faille placer la copie de Saloustios par Constantin Patricios. A son arrivée chez Pinelli, notre humaniste orienta ses travaux tant vers l'étude que vers la copie, et lorsqu'il s'occupa de transcrire le traité de Saloustios il est sûr qu'il fut informé du travail antérieur de Manuel More ; cette seconde copie du Περὶ Θεῶν καὶ Κόσμου dans

1. Voir Muccio, *ibid.*, p. 10 et 11, pour le détail de ces textes.
2. C. M. Briquet, *Les filigranes*, Leipzig, 1923, n° 684.
3. La contremarque est une fleur à cinq pétales.
4. Muccio, *op. cit.*, p. 8 et n. 3.
5. Muccio, *op. cit.*, p. 12.
6. Paulus Gualdus, *Vita Pinelli*, Augustae Vindelicorum, 1607, p. 52.

le *scriptorium* padouan fut faite comme la précédente sur le manuscrit A, qui se trouvait dans la bibliothèque de Pinelli, et il convient de souligner que l'intérêt présenté par notre texte aux yeux de ce savant était assez fort pour le conduire à en conseiller la copie à un commensal, bibliophile lui-même[1]. La direction de travail assumée ici par Pinelli éclaire un aspect de son activité au service de la pensée antique, Théodore Rentios, le maître de Patricios[2], n'étant pas à l'origine de la copie.

Outre le texte même du manuscrit, il semble bien que Constantin Patricios soit l'auteur des deux tables[3] sur lesquelles s'ouvre le livre, ainsi que des titres latins des textes, mais il faut considérer que ces mentions furent ajoutées quand le manuscrit V était déjà réuni et relié. L'étude de celui-ci révèle en outre chez Patricios une grand expérience de la lecture et une acribie supérieure à celle de Manuel More : il n'éprouve pas de difficultés dans le déchiffrement des passages de A où la forme des lettres est malaisée à reconnaître[4], et il sait retrouver le texte réel dans les passages endommagés par l'humidité[5]. Quand pourtant l'effacement des lettres rend la lecture incertaine, il laisse dans son texte un espace en blanc correspondant à ce qu'il ne peut distinguer (ainsi à I, 1, 3 lacune correspondant à ἵνα ὅμοιόν τι) ; on remarquera enfin que Constantin Patricios signale en marge du titre, transcrit de A avec la mention des *Allégories homériques* d'Héraclite le Rhéteur, qu'il hésite à les rattacher à l'ouvrage de Saloustios qu'il va copier[6].

1. Un certain nombre de livres possédés par Constantin Patricios lui avait été donné par Rentios (cf. Muccio, *ibid.*, p. 13).
2. Fidèle disciple, Patricios s'honore de rappeler que ses livres sont souvent des présents offerts par son maître (cf. Muccio, *ibid.*, et n. 4).
3. Voir ci-dessus, p. XLII.
4. Voir p. XLI, n. 2.
5. Voir p. XLI, n. 3 ; sauf toutefois ἀνάγκη (VII, 1, 2) qu'il lit οὔκ ἐστιν, expression que d'ailleurs il souligne, tout comme à IV, 3, 5, n'étant pas certain de sa lecture du préverbe ἐναρκεῖσθαι ou ἀνακεῖσθαι, il marque son hésitation en soulignant le premier, au-dessus duquel il place l'autre, dans l'interligne.
6. Voir ci-dessus p. XXIII. Dans cette copie, le traité de Saloustios est divisé en 24 tranches numérotées, le scribe ayant omis la numération des 8 dernières manchettes.

Telle se présente actuellement l'histoire de la tradition du Περὶ Θεῶν καὶ Κόσμου de Saloustios, dans laquelle s'insérait un manuscrit perdu que d'aucuns nommèrent le *codex Saregicus*[1], du nom de son possesseur Louis Sarego, né à Pérouse vers le milieu du XVIe siècle. Le philologue Josse de Rycke avait vu ce manuscrit à Pérouse[2] et il informa de sa découverte Marc Velser dans une lettre datée du 1er février 1610, joignant à son correspondant la liste des textes que ce livre contenait[3]. Les recherches ultérieures n'ont pas permis de le retrouver[4], et il semble s'être perdu lors du transfert de la bibliothèque sarégienne à Rome. On sait d'autre part que « tous les manuscrits de Sarego étaient dus à la main de Théodore Rentios qui les écrivit une cinquantaine d'années avant 1610 »[5], soit aux alentours de 1560. Cette date nous ramène au séjour de Théodore Rentios à Padoue et nous retrouvons ainsi un troisième manuscrit copié dans l'entourage de Pinelli, entre cette date et 1566, date de la nomination de Rentios à une chaire de grec à Turin[6]. Dans ces conditions, le *Codex Rentianus* se rattache au même mouvement que B et V : il présentait tout d'abord un certain nombre de « curiosités » allant des *Vertus des gemmes*, de Psellos, à des *Parecbolae* d'Athénée en passant par un poème anonyme émendé par Triclinius *Sur la Sphère des étoiles fixes*, en second lieu un choix de textes analogues à celui de V[7] et s'achevait sur le traité de Démétrius Triclinius *Sur la Métrique*, sans qu'il soit possible de savoir si ces textes appartenaient à l'origine à un manuscrit unique ou, comme B et V, composite. Ce manuscrit peut, lui aussi,

1. En particulier Muccio, *ibid.*, p. 14-17, et Nock, *op. cit.*, p. CXVII, n. 1.
2. Muccio, *ibid.*, p. 15 et 16.
3. Voir Muccio, *ibid.*, p. 14 et 15.
4. Voir F. Cumont, *op. cit.*, p. 50 et n. 3 ainsi que Muccio, *ibid.*, p. 15 et 16.
5. *Iusti Rycqui Gandensis epistolarum selectarum centuria altera*, Lovani, 1615, n° XLIV, p. 140.
6. Voir Muccio, *ibid.*, p. 17.
7. On notera toutefois que les textes suivants n'auraient pas été donnés par le *codex Rentianus :* Gémiste Pléthon, *De Virtute Syntagma* — Bessarion, *Quod Natura agat consulto.*

se rattacher à la catégorie du livre de travail : l'enseignement donné quelques années plus tard par Rentius était en effet orienté sur l'étude des rapports entre l'aristotélisme et le platonisme. Le stemma suivant matérialise les résultats de mon enquête :

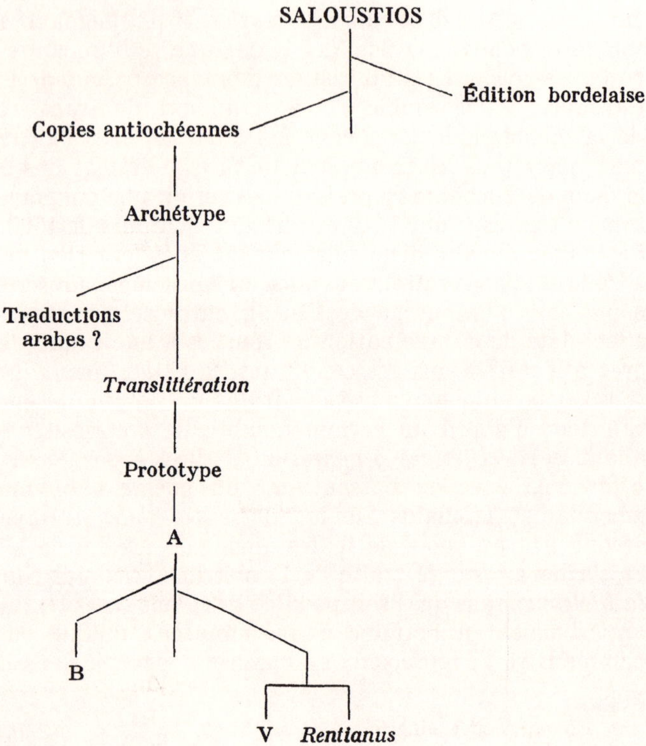

III

PRINCIPES DE LA PRÉSENTE ÉDITION

L'édition *princeps* du Περὶ Θεῶν καὶ Κόσμου fut procurée en 1638 par Gabriel Naudé, secrétaire latin du cardinal Bagni. Ses fonctions précédentes d'adjoint du conservateur de la Bibliothèque Vaticane, le cardinal Bellarmin, lui avaient donné un accès facile aux manuscrits, parmi lesquels il découvrit le *Barberinianus graecus* I-84, seul livre de Saloustios conservé à Rome[1]. Il en publia le texte grec accompagné de la traduction latine de Léon Allacci et des notes de Luc Holste ; une contrefaçon de l'ouvrage parut à Leyde en 1639.

Devant l'insuffisance des notes d'Holste, qui se composaient essentiellement d'un relevé de *loci similes*, Thomas Gale fit une nouvelle édition de Saloustios où, tout en conservant les notes de son prédécesseur, il ajouta des citations nouvelles et quelques corrections. Ses *Opuscula mythologica, ethica et physica* parurent une première fois à Cambridge en 1671[2], puis furent rééditées à Amsterdam en 1688, aux dépens d'Henri Wettstein — de nouvelles corrections étant proposées à la critique[3].

En 1748, Jean-Henri-Samuel Formey donna à Berlin

1. Sur le tempérament de Naudé qui le portait vers les croyances antiques, voir Guy Patin, *Lettre* du 12 octobre 1660 à M. Spon ; le portrait désobligeant qu'en fait ce membre du Collège de France s'explique par des raisons politiques, Naudé étant devenu ensuite secrétaire de Mazarin.

2. Saloustios occupe les pages 1 à 46 de cette édition.

3. L'œuvre de Saloustios est donnée des pages 237 à 280.

une traduction française suivie du texte grec du traité *Des Dieux et du Monde*, qu'il dédia à Maupertuis. Dix ans plus tard, il produisit une nouvelle traduction de ce texte auquel il joignit un abondant commentaire ; la dernière édition de ce travail parut à Paris, chez Gilbert, en 1808.

L'ère des traductions en langues modernes étant ouverte, une version allemande[1], puis un texte anglais[2] du Περὶ Θεῶν καὶ Κόσμου parurent dans les vingt dernières années du XVIIIe siècle. En 1821, Orelli procura à son tour une édition de Saloustios[3] ; la traduction d'Allacci était localement corrigée, et un commentaire philologique et philosophique très riche achevait l'ouvrage de deux cent neuf pages. C'est une *editio variorum* dans laquelle l'auteur fait preuve d'un haut sens de la recherche. Son intuition philologique l'honore, qui lui a parfois permis de retrouver par conjecture la véritable leçon présentée par le manuscrit A qu'il ne connaissait pas.

Quant à l'édition de Frédéric-Guillaume Mullach[4], elle complète la précédente par des conjectures nouvelles et souvent heureuses, mais il est à remarquer que ce philologue, comme tous ses prédécesseurs, n'a travaillé que sur le manuscrit V ; il appartenait à Georges Muccio de découvrir les deux autres manuscrits de Saloustios, B et A, lequel est, on l'a vu, à l'origine de la copie des deux *codices* italiens.

Le XXe siècle enfin a vu paraître une édition de notre auteur, précédée d'un riche commentaire, due aux recherches d'Arthur Darby Nock[5] qui fait précéder le

1. J. G. Schultess la publia dans *Bibliothek der Griechischen Philosophen*, III, Zurich, 1779.

2. Thomas Taylor, *Pythagoric sentences*, London, 1793. On doit également à G. Murray une traduction en anglais de Saloustios qu'il publia dans *Five Stages of Greek Religion*, Oxford, 1925, p. 211-238 et 241-267.

3. Jean-Conrad Orelli, *Sallustii philosophi libellus de Diis et Mundo, graece et latine*, Zurich, 1821.

4. Elle fut publiée dans les *Fragmenta Philosophorum Graecorum*, III, Paris, Didot, 1881, p. 28 à 50.

5. A.-D. Nock, *Sallustius — Concerning the Gods and the Universe*, Cambridge, University Press, 1926.

texte et sa traduction d'une étude sur l'état des croyances et l'évolution du néoplatonisme au IVe siècle. Ce rappel des courants d'idées ayant pu influer sur l'orientation de « l'Hellénisme » fournit les bases nécessaires à la compréhension de l'œuvre de Saloustios, mais l'éditeur conclut étrangement à l'absence de diffusion du texte, voire même à l'absence de sa publication[1]. Quant à l'établissement du texte, il repose sur l'unique manuscrit A, parfois inexactement déchiffré, dont il corrige éventuellement les leçons d'après les conjectures de ses prédécesseurs, qu'il accepte même un peu facilement[2]. A la suite de cet ouvrage, Mario Meunier en donna une traduction française en 1931, à Paris ; enfin le R. P. Festugière, présentant *Trois dévots païens* (Firmicus Maternus, Porphyre, Sallustius), publia en 1944, aux éditions « La Colombe », une nouvelle version du traité *Des Dieux et du Monde*, qui tient compte des exigences d'un public lettré.

L'ensemble de ces éditions de Saloustios demeurant donc caractérisé par un établissement du texte sur un manuscrit unique, soit qu'il ait été le seul connu[3], soit que la reconnaissance de sa valeur au sein de la tradition ait dispensé de la collation exacte et de l'étude de ses copies[4], l'histoire de la tradition du Περὶ Θεῶν καὶ Κόσμου intervient pour la première fois dans l'édition que je présente ici, et qui repose sur le manuscrit A. Comme il ne laisse pas cependant d'apparaître quelques bévues dans le texte donné par son scribe, on doit s'efforcer d'atteindre la leçon vraie de la tradition en s'aidant des copies B et V, dont on a vu qu'elles avaient été effectuées pour l'usage d'une élite de savants et non la diffusion commerciale. Aussi l'apparat qui accompagne le texte de Saloustios est-il volontairement dépouillé de tout ce qui n'est pas la tradition proprement dite[5].

1. A.-D. Nock, *ibid.*, p. CIII.
2. Voir en particulier, *ibid.*, p. 18, l. 18 (pour le § IX, 5, 10) et p. 32, l. 14 à 16 (pour le § XVII, 8, 2-3), ces addenda venant de Praechter, *Woch. Klass. Phil.*, 1900, p. 182-186.
3. Ce qui fut le cas de V jusqu'à l'édition de Mullach incluse.
4. C'est le cas du manuscrit A.
5. C'est ainsi que l'on ne trouvera pas dans l'apparat le relevé

Comme on l'a vu[1], c'est à Allacci que l'on doit le titre sous lequel on désigne l'ouvrage de Saloustios. Le manuscrit V sur lequel repose son édition, tout en présentant 32 manchettes dans la table, divise le texte en 24 tranches[2], très inégalement réparties quant à la longueur des développements et dont la numération est parfois omise. Devant cette confusion, le savant bibliothécaire de la Vaticane proposa une répartition des sujets traités dans l'ouvrage en vingt et un chapitres qui tiennent mieux compte de la nature des questions envisagées que les κεφάλαια présentés dans la table du manuscrit V. Les éditeurs suivants conservèrent cette division commode : ce sera également la nôtre. Pourtant, comme les anciens avaient subdivisé le texte en un certain nombre de parties, suivant en cela le manuscrit A, qui distinguait trente-deux manchettes correspondant à une division égale du texte, il nous a paru nécessaire, pour les citations et l'apparat critique, de placer à l'intérieur de chaque chapitre un certain nombre de numéros de référence, comptés dans chacun à partir de l'unité ; un renvoi au texte de Saloustios comprendra donc toujours trois chiffres : en romain, l'indication du chapitre, puis le numéro de paragraphe intérieur et le quantième de la ligne où l'expression se rencontre — rappelée depuis le numéro précédent[3]. Il demeure que par égard pour l'initiateur anonyme du premier système de référence, j'ai indiqué entre parenthèses et en caractères gras le début des développements correspondant aux manchettes de la table.

des *orthographica* — comme γίγνεται au lieu de γίνεται, usuel au IVe siècle —, ni le relevé des fautes de copie quand le modèle est correct — ainsi Ποεριν dans B au lieu de Πάριν à IV, 4, 4.

1. Ci-dessus p. XXIII.

2. Et non 32 comme l'a cru Nock (*op. cit.*, p. CXXI) qui déchiffra mal κδ' en haut de la marge de gauche du folio 52, confondant en effet le nombre des sujets traités avec la numération y correspondant.

3. Ainsi : Ἡφαίστου VI, 5, 2 signifie que le mot se trouve à la deuxième ligne du cinquième paragraphe du chapitre VI.

SIGLA

A = *Ambrosianus* B-99-sup., ff. 1-6^{v}, c. 1280-1300.

B = *Ambrosianus* O-123-sup., ff. 59-67, c. 1550-1560.

V = *Vaticanus Barberinianus gr.* I-84, ff. 41-55, c. 1560-1570.

PRINCIPALES QUESTIONS TRAITÉES DANS L'OUVRAGE DE SALOUSTIOS

ΣΑΛΟΥΣΤΙΟΥ [ΦΙΛΟΣΟΦΟΥ] ΚΕΦΑΛΑΙΑ ΤΟΥ ΒΙΒΛΙΟΥ

I. α'. Οἷον δεῖ εἶναι τὸν ἀκούοντα. καὶ περὶ κοινῆς ἐννοίας.
β'. Ὅτι ὁ Θεὸς ⟨ἀγαθὸς καὶ ἀπαθὴς⟩ οὐ μεταβάλλεται.
II. γ'. Ὅτι πᾶς Θεὸς ἀγένητος καὶ ἀΐδιος.
δ'. Ὅτι πᾶς Θεὸς ἀσώματος.
ε'. Ὅτι οὐκ ἐν τόπῳ.
III. ϛ'. Περὶ μύθων. ὅτι καὶ θεῖοι οἱ μῦθοι.
ζ'. [Ὅτι] διὰ τί θεῖοι οἱ μῦθοι.
IV. η'. Ὅτι πέντε εἴδη τῶν μύθων. καὶ ἑκάστου ὑποδείγματα.
V. θ'. Περὶ τῆς πρώτης αἰτίας.
VI. ι'. Περὶ τῶν ὑπερκοσμίων Θεῶν.
ια'. Περὶ τῶν δώδεκα ἐγκοσμίων.
ιβ'. Ὅτι σφαῖραι δώδεκα.
VII. ιγ'. Περὶ τῆς φύσεως τοῦ Κόσμου καὶ τῆς ἀϊδιότητος.
ιδ'. Ὅτι γῆ μέση. καὶ διὰ τί.
VIII. ιε'. Περὶ νοῦ καὶ ψυχῆς.
ιϛ'. Ὅτι ἀθάνατος ἡ ψυχή.
IX. ιζ'. Περὶ Προνοίας καὶ Εἱμαρμένης καὶ Τύχης.
X. ιη'. Περὶ Ἀρετῆς καὶ Κακίας.

Tit. φιλοσόφου nos del. || I α' ἀκούοντα Nock ex ἀκ..'οντα A || β' ἀγαθὸς καὶ ἀπαθὴς nos add. || II γ' ἀγένητος A^{pc} || III ζ' ὅτι non habet V.

XVIII κϛʹ ἀθεΐαι Gale ed. alt. : θυσίαι codd. || XX λʹ αἱ ψυχαὶ nos add.

DES DIEUX ET DU MONDE

I

1 Ceux qui désirent s'instruire sur les Dieux doivent[1] dès l'enfance être bien dirigés[2], et ne pas être nourris de folles croyances[3] ; il faut aussi qu'ils soient naturellement bons et sensés[4], pour qu'ils aient quelque ressemblance avec les enseignements[5] ; il faut enfin qu'ils connaissent les notions communes. **2** Communes sont les notions[6] sur lesquelles tous les hommes, si on les interroge correctement, tomberont d'accord[7] : par exemple que tout Dieu est bon, qu'il est impassible[8], qu'il est immuable ; car tout ce qui change devient meilleur ou pire[9] ; s'il devient pire, il passe au mal, et s'il devient meilleur, c'est qu'à l'origine il était mauvais.

II

1 Ainsi, que tel soit le disciple. Quant aux enseignements[10], voici quelle doit être leur nature : les essences des Dieux n'ont pas été créées, car ce qui existe toujours n'est jamais créé, mais ce qui possède la puissance première[11] et qui est naturellement disposé à l'impassibilité existe toujours. **2** Elles ne sont pas formées à partir des corps, car les puissances des corps sont incorporelles[12]. Elles ne sont pas circonscrites en un lieu[13], car c'est précisément le propre des corps, et elles ne se séparent ni de la cause première ni les unes des autres, tout comme les pensées ne se séparent pas de l'entendement, les sciences, de l'âme, les sensations, de l'être vivant.

ΣΑΛΟΥΣΤΙΟΥ ΠΕΡΙ ΘΕΩΝ ΚΑΙ ΚΟΣΜΟΥ

I

1 (α′) Τοὺς περὶ Θεῶν ἀκούειν ἐθέλοντας δεῖ μὲν ἐκ παίδων ἦχθαι καλῶς, καὶ μὴ ἀνοήτοις συντρέφεσθαι δόξαις· δεῖ δὲ καὶ τὴν φύσιν ἀγαθοὺς εἶναι καὶ ἔμφρονας, ἵνα ὅμοιόν τι ἔχωσι τοῖς λόγοις· δεῖ δὲ αὐτοὺς καὶ τὰς κοινὰς ἐννοίας εἰδέναι. 2 Κοιναὶ δέ εἰσιν ἔννοιαι ὅσας πάντες ἄνθρωποι ὀρθῶς ἐρωτηθέντες ὁμολογήσουσιν· (β′) οἷον ὅτι πᾶς Θεὸς ἀγαθός, ὅτι ἀπαθής, ὅτι ἀμετάβλητος· πᾶν γὰρ τὸ μεταβαλλόμενον ἢ ἐπὶ τὸ κρεῖττον ἢ ἐπὶ τὸ χεῖρον· καὶ εἰ μὲν ἐπὶ τὸ χεῖρον, κακύνεται, εἰ δὲ ἐπὶ τὸ κρεῖττον, τὴν ἀρχὴν ἦν κακόν.

II

1 (γ′) Καὶ ὁ μὲν ἀκούων ἔστω τοιοῦτος. Οἱ δὲ λόγοι τοιοίδε γινέσθωσαν· αἱ τῶν Θεῶν οὐσίαι οὐδὲ ἐγένοντο, τὰ γὰρ ἀεὶ ὄντα οὐδέποτε γίνονται, ἀεὶ δὲ εἰσίν, ὅσα δύναμίν τε ἔχει τὴν πρώτην καὶ πάσχειν οὐδὲν πέφυκεν. 2 (δ′) Οὐδὲ ἐκ σωμάτων εἰσί· καὶ γὰρ τῶν σωμάτων αἱ δυνάμεις ἀσώματοι. (ε′) Οὐδὲ τόπῳ περιέχονται, σωμάτων γὰρ τοῦτό γε, οὐδὲ τῆς πρώτης αἰτίας ἢ ἀλλήλων χωρίζονται, ὥσπερ οὐδὲ νοῦ αἱ νοήσεις, οὐδὲ ψυχῆς αἱ ἐπιστῆμαι, οὐδὲ ζῴου αἱ αἰσθήσεις.

I 1 3 ἵνα ὅμοιόν τι Nock ex ἵ.α ":μοιόν τι A.

III

1 Pourquoi donc enfin les anciens laissèrent-ils de côté ces enseignements pour employer des mythes[1], voilà ce qu'il vaut la peine de rechercher ; et même, le premier avantage que l'on tire des mythes est cette recherche, ainsi que la possession d'une pensée non inactive[2].

Ainsi donc, que divins soient les mythes, on peut le dire en considérant ceux qui les ont employés : ceux d'entre les poètes que la divinité a inspirés[3] et les meilleurs d'entre les philosophes[4], ceux qui ont enseigné les rites d'initiation[5] et les Dieux eux-mêmes en leurs oracles[6] ont employé des mythes.

2 Mais pourquoi divins sont les mythes, c'est la philosophie qui doit le rechercher. Eh bien donc, puisque tous les êtres mettent leur joie en qui leur ressemble et se détournent de qui leur est dissemblable[7], il fallait aussi que les enseignements relatifs aux Dieux ressemblassent à ceux-ci, afin qu'ils fussent dignes de leur essence et rendissent les Dieux favorables[8] à ceux qui les dispensent ; c'est ce que l'emploi des mythes permettait seul d'obtenir.

3 Pour ce qui est donc des Dieux eux-mêmes, les mythes les représentent conformément à ce qui peut être divulgué[9] et à ce qui est indicible, à ce qui est obscur et à ce qui est visible, à ce qui est clair et à ce qui est caché ; ils représentent aussi la bonté des Dieux, car de même que ceux-ci ont communiqué à tous les biens venant des sensibles, mais aux seuls gens sensés les biens venant des intelligibles, de même les mythes disent à tous que les Dieux existent, mais ils ne disent leur nature et leur vertu qu'à ceux qui sont capables de les connaître.

Ils représentent enfin les opérations des Dieux ; car le Monde aussi, on peut l'appeler un mythe[10], puisque des corps et des objets se montrent en lui, et que des âmes et des esprits y sont cachés.

4 Outre cela, vouloir enseigner à tous les hommes la

III

1 (ϛ′) Τί δήποτε οὖν τούτους ἀφέντες τοὺς λόγους οἱ παλαιοὶ μύθοις ἐχρήσαντο, ζητεῖν ἄξιον· καὶ τοῦτο πρῶτον ἐκ τῶν μύθων ὠφελεῖσθαι τό γε ζητεῖν, καὶ μὴ ἀργὸν τὴν διάνοιαν ἔχειν.

Ὅτι μὲν οὖν θεῖοι οἱ μῦθοι ἐκ τῶν χρησαμένων ἔστιν εἰπεῖν· καὶ γὰρ τῶν ποιητῶν οἱ θεόληπτοι καὶ τῶν φιλοσόφων οἱ ἄριστοι, οἵ τε τὰς τελετὰς καταδείξαντες καὶ αὐτοὶ δὲ ἐν χρησμοῖς οἱ Θεοὶ μύθοις ἐχρήσαντο.

2 (ζ′) Διὰ τί δὲ θεῖοι οἱ μῦθοι φιλοσοφίας ζητεῖν. Ἐπεὶ τοίνυν πάντα τὰ ὄντα ὁμοιότητι μὲν χαίρει ἀνομοιότητα δὲ ἀποστρέφεται, ἐχρῆν καὶ τοὺς περὶ Θεῶν λόγους ὁμοίους εἶναι ἐκείνοις, ἵνα τῆς τε οὐσίας αὐτῶν ἄξιοι γίνωνται καὶ τοῖς λέγουσι τοὺς Θεοὺς ποιῶσιν εὐμενεῖς· ὅπερ διὰ τῶν μύθων μόνως ἂν γένοιτο.

3 Αὐτοὺς μὲν οὖν τοὺς Θεοὺς κατὰ τὸ ῥητόν τε καὶ ἄρρητον, ἀφανές τε καὶ φανερόν, σαφές τε καὶ κρυπτόμενον οἱ μῦθοι μιμοῦνται, ⟨καὶ⟩ τὴν τῶν Θεῶν ἀγαθότητα, ὅτι ὥσπερ ἐκεῖνοι τὰ μὲν ἐκ τῶν αἰσθητῶν ἀγαθὰ κοινὰ πᾶσιν ἐποίησαν, τὰ δὲ ἐκ τῶν νοητῶν μόνοις τοῖς ἔμφροσιν, οὕτως οἱ μῦθοι τὸ μὲν εἶναι Θεοὺς πρὸς ἅπαντας λέγουσι, τίνες δὲ οὗτοι καὶ ὁποῖοι τοῖς δυναμένοις ⟨μόνοις⟩ εἰδέναι.

Καὶ τὰς ἐνεργείας δὲ μιμοῦνται τῶν Θεῶν· ἔξεστι γὰρ καὶ τὸν Κόσμον μῦθον εἰπεῖν, σωμάτων μὲν καὶ χρημάτων ἐν αὐτῷ φαινομένων, ψυχῶν δὲ καὶ νῶν κρυπτομένων.

4 Πρὸς δὲ τούτοις, τὸ μὲν πάντας τὴν περὶ Θεῶν ἀλήθειαν διδάσκειν ἐθέλειν τοῖς μὲν ἀνοήτοις, διὰ τὸ μὴ δύνασθαι

III **2** 5 ποιῶσιν Naudé : ποιοῦσιν A || **3** 2 σαφές Nock ex Orelli : σοφόν codd. || 3 καὶ add. Orelli || 8 μόνοις nos add. || 11 νῶν Nock : νοῶν codd.

vérité sur les Dieux produit le mépris chez les insensés[1], du fait de leur impuissance à comprendre, et l'incuriosité chez les gens appliqués ; voiler au contraire la vérité par des mythes ne laisse pas de place au mépris des uns, et force les autres à la philosophie[2].

Mais pourquoi a-t-on conté dans les mythes des adultères[3], des rapts[4], des fers entravant un père[5], et d'autres faits extravagants[6] ? Ou bien même, ne vaut-il pas la peine que l'on s'étonne de ce qui fait que, grâce à l'extravagance apparente[7], l'âme considère les récits comme des voiles, et tient la vérité pour indicible ?

IV

1 Parmi les mythes[8], les uns sont théologiques, les autres physiques, d'autres psychiques, matériels, et mixtes.

Sont théologiques ceux qui, ne recourant à aucun corps, considèrent l'essence même des Dieux ; tel celui de l'engloutissement par Cronos de ses enfants[9] : puisque Dieu est intellectuel et que toute intelligence se retourne sur elle-même[10], le mythe fait allusion à l'essence de Dieu.

2 On peut considérer les mythes comme physiques quand on traite des opérations des Dieux à l'égard du Monde ; c'est ainsi que déjà certains ont reconnu Cronos dans « le temps » *(chronos)*[11], et appelant « enfants du Tout » les parties du temps[12] ils disent que les enfants sont engloutis par leur père.

Le genre psychique[13] consiste en l'observation des opérations de l'âme elle-même, parce que précisément les pensées de nos âmes, quand bien même elles s'élancent vers les autres, demeurent en leurs géniteurs.

3 Matériel, et de dernière valeur, est le genre de mythes qu'en raison de leur absence d'instruction employèrent surtout les Égyptiens[14], eux qui ont tenu les corps eux-mêmes pour des Dieux et ont appelé la terre Isis, l'humidité Osiris, la chaleur Typhon[15], ou l'eau Cronos, les fruits Adonis[16], et le vin Dionysos. Dire que ces choses sont consacrées aux Dieux, tout comme les plantes, les pierres, et les animaux[17], c'est agir en homme

μανθάνειν, καταφρόνησιν, τοῖς δὲ σπουδαίοις ῥᾳθυμίαν ἐμποιεῖ· τὸ δὲ διὰ μύθων τἀληθὲς ἐπικρύπτειν τοὺς μὲν καταφρονεῖν οὐκ ἐᾷ, τοὺς δὲ φιλοσοφεῖν ἀναγκάζει.

Ἀλλὰ διὰ τί μοιχείας καὶ κλοπὰς καὶ πατέρων δεσμὰ καὶ τὴν ἄλλην ἀτοπίαν ἐν τοῖς μύθοις εἰρήκασιν ; Ἢ καὶ τοῦτο ἄξιον θαύματος, ἵνα διὰ τῆς φαινομένης ἀτοπίας εὐθὺς ἡ ψυχὴ τοὺς μὲν λόγους ἡγήσηται προκαλύμματα, τὸ δὲ ἀληθὲς ἀπόρρητον εἶναι νομίσῃ ;

IV

1 (η′) Τῶν δὲ μύθων οἱ μέν εἰσι θεολογικοί, οἱ δὲ φυσικοί, οἱ δὲ ψυχικοί τε καὶ ὑλικοί, καὶ ἐκ τούτων μικτοί.

Εἰσὶ δὲ θεολογικοὶ μὲν οἱ μηδενὶ σώματι χρώμενοι ἀλλὰ τὰς οὐσίας αὐτὰς τῶν Θεῶν θεωροῦντες· οἷον αἱ τοῦ Κρόνου καταπόσεις τῶν παίδων· ἐπειδὴ νοερὸς ὁ Θεὸς πᾶς δὲ νοῦς εἰς ἑαυτὸν ἐπιστρέφει, τὴν οὐσίαν ὁ μῦθος αἰνίττεται τοῦ Θεοῦ.

2 Φυσικῶς δὲ τοὺς μύθους ἔστι θεωρεῖν ὅταν τὰς περὶ τὸν Κόσμον ἐνεργείας λέγῃ τις τῶν Θεῶν· ὥσπερ ἤδη τινὲς χρόνον μὲν τὸν Κρόνον ἐνόμισαν, τὰ δὲ μέρη τοῦ χρόνου παῖδας τοῦ Ὅλου καλέσαντες καταπίνεσθαι ὑπὸ τοῦ πατρὸς τοὺς παῖδάς φασιν.

Ὁ δὲ ψυχικὸς τρόπος ἐστὶν αὐτῆς τῆς ψυχῆς τὰς ἐνεργείας σκοπεῖν, ὅτι καὶ τῶν ἡμετέρων ψυχῶν αἱ νοήσεις, κἂν εἰς τοὺς ἄλλους προέλθωσιν, ἀλλ' οὖν ἐν τοῖς γεννήσασι μένουσιν.

3 Ὑλικὸς δέ ἐστι καὶ ἔσχατος, ᾧ μάλιστα Αἰγύπτιοι δι' ἀπαιδευσίαν ἐχρήσαντο, αὐτὰ τὰ σώματα Θεοὺς νομίσαντες καὶ καλέσαντες [καὶ] Ἶσιν μὲν τὴν γῆν, Ὄσιριν δὲ τὸ ὑγρόν, Τυφῶνα δὲ τὴν θερμότητα, ἢ Κρόνον μὲν ὕδωρ, Ἄδωνιν δὲ καρπούς, Διόνυσον δὲ οἶνον. Ταῦτα δὲ ἀνακεῖσθαι μὲν

IV 3 3 καὶ delev. Muccio.

sensé, mais les appeler Dieux, c'est agir en homme dément ; à moins toutefois que ce ne soit dans le sens où la sphère du soleil et le rayon jaillissant de la sphère reçoivent de nous habituellement le nom de « Soleil ».

4 Quant à la catégorie mixte des mythes, on peut l'observer en de nombreux exemples, mais entre autres on dit en particulier qu'au banquet des Dieux la Discorde jeta une pomme d'or, et que les Déesses s'étant querellées pour elle furent envoyées par Zeus devant Pâris, comme juge ; Aphrodite lui parut belle[1], et il lui donna la pomme. **5** Ici en effet le banquet désigne les puissances hypercosmiques des Dieux[2], et c'est pour cela qu'ils sont réunis ; la pomme d'or, c'est le Monde, qui, tirant son existence des contraires, est dit à bon droit jeté par la Discorde. Des Dieux divers accordant des faveurs diverses au Monde, ils semblent se quereller à propos de la pomme ; l'âme qui vit selon la sensation — c'est en effet Pâris —, et qui ne voit dans le Monde d'autres puissances que la beauté, dit que c'est à Aphrodite qu'est la pomme.

6 Il y a convenance, parmi les mythes, entre ceux du genre théologique et les philosophes[3], ceux du genre physique et du genre psychique et les poètes[4], ceux du genre mixte et les rites d'initiation, puisque toute initiation tend aussi à nous faire communier avec le Monde et avec les Dieux[5].

7 S'il faut encore rapporter un autre mythe, on dit que la Mère des Dieux, ayant vu Attis[6] allongé au bord du fleuve Gallos[7], s'en éprit d'amour, qu'ayant pris son bonnet aux ornements d'étoiles[8], elle l'en couvrit, et que désormais elle le tenait avec elle, quand celui-ci, qu'une Nymphe[9] avait navré d'amour, laissa la Mère des Dieux pour vivre avec la Nymphe. Aussi la Mère des Dieux amène-t-elle Attis à sombrer dans la folie, puis après s'être tranché les gonades[10] à les laisser chez la Nymphe, et à revenir encore habiter avec elle. Eh bien ! **8** La Mère des Dieux est la déesse créatrice de vie, d'où son nom de Mère[11] ; Attis, l'artisan de ce qui se fait et se détruit[12], d'où le récit de sa découverte au bord du fleuve Gallos, car le Gallos fait allusion au cercle lacté[13], d'où procède le corps soumis aux passions[14]. Mais comme les

Θεοῖς λέγειν ὥσπερ καὶ βοτάνας καὶ λίθους καὶ ζῷα σωφρονούντων ἐστὶν ἀνθρώπων, Θεοὺς δὲ καλεῖν μαινομένων· εἰ μὴ ἄρα ὥσπερ τοῦ ἡλίου τὴν σφαῖραν καὶ τὴν ἀπὸ τῆς σφαίρας ἀκτῖνα Ἥλιον ἐν συνηθείᾳ καλοῦμεν.

4 Τὸ δὲ μικτὸν εἶδος τῶν μύθων ἐν πολλοῖς μὲν καὶ ἄλλοις ἔστιν ἰδεῖν, καὶ μέντοι καὶ ἐν τῷ συμποσίῳ φασι τῶν Θεῶν τὴν Ἔριν μῆλον ῥῖψαι χρυσοῦν, καὶ περὶ τούτου τὰς Θεὰς φιλονεικούσας ὑπὸ τοῦ Διὸς πρὸς τὸν Πάριν πεμφθῆναι κριθησομένας· τῷ δὲ καλήν τε φανῆναι τὴν Ἀφροδίτην, καὶ ταύτῃ δοῦναι τὸ μῆλον. 5 Ἐνταῦθα γὰρ τὸ μὲν συμπόσιον τὰς ὑπερκοσμίους δυνάμεις δηλοῖ τῶν Θεῶν, καὶ διὰ τοῦτο μετ' ἀλλήλων εἰσι· τὸ δὲ χρυσοῦν μῆλον τὸν Κόσμον, ὃς ἐκ τῶν ἐναντίων γινόμενος εἰκότως ὑπὸ τῆς Ἔριδος λέγεται ῥίπτεσθαι. Ἄλλων δὲ ἄλλα τῷ Κόσμῳ χαριζομένων Θεῶν, φιλονεικεῖν ὑπὲρ τοῦ μήλου δοκοῦσιν· ἡ δὲ κατ' αἴσθησιν ζῶσα ψυχή — τοῦτο γάρ ἐστιν ὁ Πάρις — τὰς μὲν ἄλλας ἐν τῷ Κόσμῳ δυνάμεις οὐχ ὁρῶσα μόνον δὲ τὸ κάλλος, τῆς Ἀφροδίτης τὸ μῆλον εἶναί φησι.

6 Πρέπουσι δὲ τῶν μύθων οἱ μὲν θεολογικοὶ φιλοσόφοις, οἱ δὲ φυσικοὶ καὶ ψυχικοὶ ποιηταῖς, οἱ δὲ μικτοὶ τελεταῖς, ἐπειδὴ καὶ πᾶσα τελετὴ πρὸς τὸν Κόσμον ἡμᾶς καὶ πρὸς τοὺς Θεοὺς συνάπτειν ἐθέλει.

7 Εἰ δὲ δεῖ καὶ ἕτερον μῦθον εἰπεῖν, τὴν Μητέρα τῶν Θεῶν φασι τὸν Ἄττιν παρὰ τῷ Γάλλῳ κείμενον ἰδοῦσαν ποταμῷ ἐρασθῆναι τε καὶ λαβοῦσαν τὸν ἀστερωτὸν αὐτῷ περιθεῖναι πῖλον, καὶ τοῦ λοιποῦ μεθ' ἑαυτῆς ἔχειν, ὁ δὲ Νύμφης ἐρασθεὶς τὴν Θεῶν Μητέρα ἀπολιπὼν τῇ Νύμφῃ συνῆν. Καὶ διὰ τοῦτο ἡ Μήτηρ τῶν Θεῶν ποιεῖ μανῆναι τὸν Ἄττιν, καὶ τὰ γόνιμα ἀποκοψάμενον ἀφεῖναι παρὰ τῇ Νύμφῃ, πάλιν δὲ ἀνελθόντα αὐτῇ συνοικεῖν. 8 Ἡ μὲν οὖν Μήτηρ τῶν Θεῶν ζωογόνος ἐστὶ Θεά, καὶ διὰ τοῦτο Μήτηρ καλεῖται· ὁ δὲ Ἄττις τῶν γινομένων καὶ φθειρομένων δημιουργός, καὶ διὰ τοῦτο παρὰ τῷ Γάλλῳ λέγεται εὑρεθῆναι ποταμῷ·

premiers Dieux mènent les Dieux secondaires à leur accomplissement[1], la Mère s'éprend d'amour pour Attis et lui donne les célestes puissances, que symbolise en effet le bonnet[2]. **9** Attis cependant est navré d'amour par la Nymphe ; or les Nymphes président à la génération, car tout ce qui naît s'écoule[3] ; mais comme il fallait arrêter la génération[4] et éviter que de ce qui était de dernière valeur ne naquît quelque chose de pire[5], l'artisan qui créait cela[6] jeta les puissances génératrices[7] dans le devenir pour rentrer en communion avec les Dieux. Ces événements n'eurent lieu à aucun moment[8], mais existent toujours : l'entendement voit tout, d'ensemble, tandis que la parole exprime les uns d'abord, les autres ensuite.

10 Ainsi, puisque le mythe se trouve en rapports intimes avec le Monde, et que nous imitons le Monde[9] — car comment pourrions-nous suivre un ordre meilleur[10] ? — nous célébrons une fête selon les rites suivants : en premier lieu, comme nous sommes, nous aussi, tombés[11] du ciel[12] et que nous vivons avec la Nymphe, nous restons prostrés et nous nous abstenons de pain[13] ainsi que d'autre nourriture lourde[14] et impure, car l'un et l'autre sont contraires à l'âme ; ensuite, la mutilation d'un arbre[15] et le jeûne figurent aussi notre ablation du progrès ultérieur de la génération ; après cela, la nourriture de lait figure notre renaissance ; enfin, ce sont des manifestations de joie[16], des couronnes[17], et comme une remontée vers les Dieux.

11 Le témoignage de cette exégèse est aussi fourni par la saison où ces rites sont accomplis : c'est en effet vers le printemps et l'équinoxe[18] que s'accomplissent ces rites, tandis que cesse de naître ce qui naît et que le jour devient plus long que la nuit, ce qui est en rapport intime avec des âmes renaissantes. En tous cas c'est vers l'autre équinoxe que le mythe place le rapt de Coré[19], qui symbolise précisément la descente des âmes[20].

A nous qui avons ainsi parlé des mythes puissent les Dieux mêmes et les âmes de ceux qui ont écrit ces mythes être favorables[21] !

ὁ γὰρ Γάλλος τὸν γαλαξίαν αἰνίττεται κύκλον, ἀφ' οὗ τὸ παθητὸν ἔρχεται σῶμα. Τῶν δὲ πρώτων Θεῶν τελειούντων τοὺς δευτέρους, ἐρᾷ μὲν ἡ Μήτηρ τοῦ Ἄττεως καὶ οὐρανίους αὐτῷ δίδωσι δυνάμεις, τοῦτο γάρ ἐστιν ὁ πῖλος.
9 Ἐρᾷ δὲ ὁ Ἄττις τῆς Νύμφης· αἱ δὲ Νύμφαι γενέσεως ἔφοροι, πᾶν γὰρ τὸ γινόμενον ῥεῖ· ἐπεὶ δὲ ἔδει στῆναι τὴν γένεσιν καὶ μὴ τῶν ἐσχάτων γενέσθαι τι χεῖρον, ὁ ταῦτα ποιῶν δημιουργὸς δυνάμεις γονίμους ἀφεὶς εἰς τὴν γένεσιν πάλιν συνάπτεται τοῖς Θεοῖς. Ταῦτα δὲ ἐγένετο μὲν οὐδέποτε, ἔστι δὲ ἀεί· καὶ ὁ μὲν νοῦς ἅμα πάντα ὁρᾷ, ὁ δὲ λόγος τὰ μὲν πρῶτα τὰ δὲ δεύτερα λέγει.

10 Οὕτω δὲ πρὸς τὸν Κόσμον οἰκείως ἔχοντος τοῦ μύθου, ἡμεῖς τὸν Κόσμον μιμούμενοι — πῶς γὰρ ἂν μᾶλλον κοσμηθείημεν ; — ἑορτὴν ἄγομεν διὰ ταῦτα· καὶ πρῶτον μὲν ὡς καὶ αὐτοὶ πεσόντες ἐξ οὐρανοῦ καὶ τῇ Νύμφῃ συνόντες ἐν κατηφείᾳ ἐσμὲν σίτου τε καὶ τῆς ἄλλης παχείας καὶ ῥυπαρᾶς τροφῆς ἀπεχόμεθα, ἑκάτερα γὰρ ἐναντία ψυχῇ· εἶτα δένδρου τομαὶ καὶ νηστεία ὥσπερ καὶ ἡμῶν ἀποκοπτομένων τὴν περαιτέρω τῆς γενέσεως πρόοδον· ἐπὶ τούτοις γάλακτος τροφὴ ὥσπερ ἀναγεννωμένων· ἐφ' οἷς ἱλαρία καὶ στέφανοι καὶ πρὸς τοὺς Θεοὺς οἷον ἐπάνοδος.

11 Μαρτυρεῖ δὲ τούτοις καὶ ὁ τῶν δρωμένων καιρός· περὶ γὰρ τὸ ἔαρ καὶ τὴν ἰσημερίαν δρᾶται τὰ δρώμενα, ὅτε τοῦ μὲν γίνεσθαι παύεται τὰ γινόμενα ἡμέρα δὲ μείζων γίνεται τῆς νυκτός, ὅπερ οἰκεῖον ἀναγομέναις ψυχαῖς. Περὶ γοῦν τὴν ἐναντίαν ἰσημερίαν ἡ τῆς Κόρης ἁρπαγὴ μυθολογεῖται γενέσθαι, ὃ δὴ κάθοδός ἐστι τῶν ψυχῶν.

Τοσαῦτα περὶ μύθων εἰποῦσιν ἡμῖν αὐτοί τε οἱ Θεοὶ καὶ τῶν γραψάντων τοὺς μύθους αἱ ψυχαὶ ἵλεῳ γένοιντο.

10 10 ἱλαρία nos : ἱλαρεῖα AB ἱλαρεῖαι V.

V

1 A la suite de ces considérations, il convient de connaître[1] la cause première et les classes des Dieux qui en dérivent, ainsi que d'étudier la nature du Monde, l'essence de l'entendement et de l'âme, la Providence et la Destinée, ainsi que la Fortune, la Vertu et le Vice, ainsi que les bons et les mauvais gouvernements[2] qui en découlent, et enfin l'origine de la venue des maux dans le Monde. Chacun de ces problèmes demande des discussions nombreuses et longues ; mais rien n'empêche peut-être d'en parler brièvement pour éviter aussi une complète ignorance[3].

2 La cause première se doit d'être une[4], car l'unité[5] a le pas sur toute pluralité, et elle vainc tout par sa puissance et sa bonté ; c'est même pourquoi tout doit nécessairement y participer, rien d'autre ne pouvant lui faire obstacle en raison de sa puissance, ni elle-même s'écarter en raison de sa bonté[6].

3 Toutefois si elle était âme, tout serait animé ; si elle était entendement, tout serait intellectuel ; si elle était essence[7], tout participerait à l'essence, ce que voyant en toute chose certains tinrent la cause première pour une essence. Si donc l'existence seule caractérisait les êtres et que la bonté ne les caractérisait pas, le raisonnement serait vrai ; mais si c'est par leur bonté qu'existent les êtres et s'ils ont participation au bien, le principe premier doit être nécessairement supersubstantiel[8] et bon[9]. En voici une preuve éminente : le mépris de l'existence, en vue du bien, chez les âmes de valeur[10], lorsqu'elles se portent spontanément au danger pour la patrie, pour des amis, ou pour la vertu.

Après cette si indicible[11] puissance viennent les classes des Dieux.

VI

1 Parmi les Dieux, les uns sont « encosmiques », les autres « hypercosmiques ». Par encosmiques[12], je désigne[13] les Dieux mêmes qui font le Monde ; quant aux hyper-

V

1 (θ′) Ἀκόλουθον δὲ τούτοις ἐστὶ τήν τε πρώτην αἰτίαν εἰδέναι καὶ τὰς μετ' ἐκείνην τάξεις τῶν Θεῶν, καὶ τοῦ Κόσμου τὴν φύσιν, νοῦ τε καὶ ψυχῆς τὴν οὐσίαν, Πρόνοιάν τε καὶ Εἱμαρμένην, καὶ Τύχην, Ἀρετήν τε καὶ Κακίαν, καὶ τὰς ἐκ τούτων γινομένας ἀγαθάς τε καὶ φαύλας πολιτείας ἰδεῖν, καὶ πόθεν ἄρα τὰ κακὰ εἰς τὸν Κόσμον ἀφίκετο. Τούτων δὲ ἕκαστον λόγων δεῖται πολλῶν καὶ μεγάλων· ὡς δὲ ἐν βραχέσιν εἰπεῖν καὶ πρὸς τὸ μὴ παντελῶς ἀνηκόους εἶναι οὐδὲν ἴσως λέγειν κωλύει.

2 Τὴν πρώτην αἰτίαν μίαν τε εἶναι προσήκει, παντὸς γὰρ πλήθους ἡγεῖται μονάς, δυνάμει τε καὶ ἀγαθότητι πάντα νικᾷ· καὶ διὰ τοῦτο πάντα μετέχειν ἐκείνης ἀνάγκη, οὐδὲν γὰρ αὐτὴν ἄλλο κωλύσει διὰ τὴν δύναμιν, οὐδὲ ἑαυτὴν ἀφέξει δι' ἀγαθότητα.

3 Ἀλλ' εἰ μὲν ἦν ψυχή, πάντα ἂν ἔμψυχα ἦν· εἰ δὲ καὶ νοῦς, πάντα νοερά· εἰ δὲ οὐσία, πάντα οὐσίας μετεῖχε, τοῦτο δὲ ἐν πᾶσιν ἰδόντες τινὲς ἐκεῖνο οὐσίαν ἐνόμισαν. Εἰ μὲν οὖν ἦν μόνον τὰ ὄντα, ἀγαθὰ δὲ οὐκ ἦν, ἀληθὴς ἦν ὁ λόγος· εἰ δὲ δι' ἀγαθότητα ἔστι τε τὰ ὄντα καὶ μετείληχεν ἀγαθοῦ, ὑπερούσιον μὲν ἀγαθὸν δὲ εἶναι τὸ πρῶτον ἀνάγκη. Σημεῖον δὲ μέγιστον· τοῦ γὰρ εἶναι διὰ τὸ ἀγαθὸν αἱ σπουδαῖαι καταφρονοῦσι ψυχαί, ὅταν ὑπὲρ πατρίδος ἢ φίλων ἢ ἀρετῆς κινδυνεύειν ἐθέλωσι.

Μετὰ δὲ τὴν οὕτως ἄρρητον δύναμιν αἱ τῶν Θεῶν τάξεις εἰσί.

VI

1 (ι′) Τῶν δὲ Θεῶν οἱ μέν εἰσιν ἐγκόσμιοι, οἱ δὲ ὑπερκόσμιοι. Ἐγκοσμίους δὲ λέγω αὐτοὺς τοὺς τὸν Κόσμον ποιοῦντας Θεούς· τῶν δὲ ὑπερκοσμίων οἱ μὲν οὐσίας ποιοῦσι Θεῶν, οἱ δὲ νοῦν, οἱ δὲ ψυχάς· καὶ διὰ τοῦτο τρεῖς

cosmiques, les uns font les essences des Dieux, les autres l'entendement, d'autres les âmes : c'est la raison pour laquelle ils comprennent trois classes[1], qui toutes peuvent être trouvées dans les enseignements traitant de ces problèmes.

2 Parmi les Dieux encosmiques, les uns donnent l'existence au Monde[2], les autres l'animent, d'autres, entre les contraires qui le constituent, établissent l'harmonie, d'autres enfin veillent sur l'harmonie, quand elle est établie ; or ces attributions étant au nombre de quatre et chacune ayant modes premier, second et final, ceux à qui elles incombent doivent être douze[3], nécessairement.

3 Ceux donc qui font le Monde sont Zeus, Posidon[4] et Héphaistos[5] ; ceux qui l'animent Déméter[6], Héra[7] et Artémis[8]; ceux qui l'harmonisent[9] Apollon[10], Aphrodite[11] et Hermès[12]; ceux qui veillent sur lui Hestia[13], Athéna[14] et Arès[15]. 4 C'est dans les statues qu'on peut observer l'allusion secrète à ces attributions : ainsi Apollon accorde une lyre[16], on revêt de ses armes Athéna, mais Aphrodite est nue, puisque l'harmonie crée la beauté[17], et que la beauté dans les objets visibles n'est pas cachée[18]. Puisque ces Dieux tiennent le Monde en première possession, il faut aussi regarder les autres Dieux comme existant en eux : par exemple Dionysos en Zeus[19], Asclépios en Apollon[20], et les Charites en Aphrodite[21].

5 On peut aussi observer leur sphère : Hestia possède la terre[22], Posidon l'eau, Héra l'air[23], Héphaistos le feu, et les six sphères supérieures sont la propriété des Dieux que l'on pense d'ordinaire ; car Apollon et Artémis doivent être pris pour le soleil[24] et pour la lune[25]; on doit attribuer la sphère de Cronos à Déméter[26], et l'éther à Athéna[27] ; mais le ciel est commun à tous.

C'est donc ainsi que l'on a parlé et que l'on a chanté[28] des hymnes sur les classes, les puissances et les sphères des douze Dieux.

VII

1 Quant au Monde lui-même, il doit nécessairement être impérissable et increé[29] ; impérissable, parce que,

ἔχουσι τάξεις καὶ πάσας ἐν τοῖς περὶ τούτων λόγοις ἔστιν εὑρεῖν.

2 (ια') Τῶν δὲ ἐγκοσμίων οἱ μὲν εἶναι ποιοῦσι τὸν Κόσμον, οἱ δὲ αὐτὸν ψυχοῦσιν, οἱ δὲ ἐκ διαφόρων ὄντα ἁρμόζουσιν, οἱ δὲ ἡρμοσμένον φρουροῦσι· τούτων δὲ ὄντων τεσσάρων πραγμάτων καὶ ἑκάστου πρῶτα ἔχοντος καὶ μέσα καὶ τελευταῖα, καὶ τοὺς διοικοῦντας δώδεκα εἶναι ἀνάγκη.

3 Οἱ μὲν οὖν ποιοῦντες τὸν Κόσμον Ζεὺς καὶ Ποσειδῶν εἰσι καὶ Ἥφαιστος· οἱ δὲ ψυχοῦντες Δημήτηρ καὶ Ἥρα καὶ Ἄρτεμις· οἱ δὲ ἁρμόζοντες Ἀπόλλων καὶ Ἀφροδίτη καὶ Ἑρμῆς· οἱ δὲ φρουροῦντες Ἑστία καὶ Ἀθηνᾶ καὶ Ἄρης. 4 Αἰνίγματα δὲ τούτων ἐν τοῖς ἀγάλμασιν ἔστιν ἰδεῖν· ὁ μὲν γὰρ Ἀπόλλων λύραν ἁρμόζει, ὥπλισται δὲ ἡ Ἀθηνᾶ, γυμνὴ δὲ ἡ Ἀφροδίτη, ἐπειδὴ ἁρμονία μὲν τὸ κάλλος ποιεῖ, τὸ δὲ κάλλος ἐν τοῖς ὁρωμένοις οὐ κρύπτεται. Τούτων δὲ πρώτως ἐχόντων τὸν Κόσμον, καὶ τοὺς ἄλλους ἐν τούτοις ἡγητέον εἶναι Θεούς· οἷον Διόνυσον μὲν ἐν Διί, Ἀσκληπιὸν δὲ ἐν Ἀπόλλωνι, Χάριτας δὲ ἐν Ἀφροδίτῃ.

5 (ιϐ') Καὶ σφαίρας δὲ τούτων ἔστιν ἰδεῖν· Ἑστίας μὲν γῆν, Ποσειδῶνος δὲ ὕδωρ, Ἥρας ⟨δὲ⟩ ἀέρα, Ἡφαίστου δὲ πῦρ, ἓξ δὲ τὰς ἀνωτέρας ὧν ἔθος νομίζειν Θεῶν· Ἀπόλλωνα γὰρ καὶ Ἄρτεμιν ἀνθ' ἡλίου καὶ σελήνης ληπτέον· τὴν Κρόνου δὲ Δήμητρι δοτέον, Ἀθηνᾷ δὲ τὸν αἰθέρα· ὁ δὲ οὐρανὸς πάντων κοινός.

Αἱ μὲν οὖν τάξεις καὶ δυνάμεις καὶ σφαῖραι τῶν δώδεκα Θεῶν οὕτως εἴρηνταί τε καὶ ὕμνηνται.

VII

1 (ιγ') Αὐτὸν δὲ τὸν Κόσμον ἄφθαρτόν τε καὶ ἀγένητον εἶναι ἀνάγκη· ἄφθαρτον μέν, ὅτι ἀνάγκη, τούτου φθαρέντος,

VI 3 2 εἰσι Nock : ἐστι codd. || 5 2 δὲ[2] add. Gale ed. alt. || 5 δὲ[1] Boll : μὲν codd.

VII 1 1 ἀγένητον A[pc] || 2 ἀνάγκη legit Muccio in A.

s'il périt, il y a nécessité d'en faire ou un meilleur, ou un pire[1], ou le même, ou un chaos. Du moins, si c'est un pire qu'il fait, Celui qui d'un meilleur fait un pire est mauvais ; si c'est un meilleur, Celui qui dès le début n'a pas fait le meilleur est impuissant ; si c'est le même, Il le fera en pure perte ; et si c'est un chaos[2]..., mais il n'est pas permis d'entendre un tel propos[3].

2 Le Monde est increé, et voici qui suffit précisément à le démontrer ; si en effet il ne périt pas, il ne fut pas non plus créé[4], puisque tout ce qui fut créé périt, et parce que, la bonté de Dieu donnant l'existence au Monde, Dieu doit nécessairement toujours être bon et le Monde toujours subsister[5]. C'est ainsi que la lumière coexiste avec le soleil[6] et le feu, et l'ombre avec le corps.

3 Parmi les corps qui sont dans le Monde, les uns portent leur imitation sur l'entendement, et se meuvent en cercle[7], les autres portent leur imitation sur l'âme, et se meuvent en ligne droite[8]. Maintenant, parmi ceux qui se meuvent en ligne droite, le feu et l'air se dirigent vers le haut[9], la terre et l'eau se dirigent vers le bas[10] ; parmi ceux qui se meuvent en cercle, la sphère des étoiles fixes tourne d'Orient en Occident, et les sept sphères tournent d'Occident en Orient[11]. Les causes en sont nombreuses, mais c'est entre autres, au cas où la révolution des sphères deviendrait rapide, le désir d'éviter l'imperfection de la génération.

4 Comme la diversité caractérise leur mouvement, la nature des corps doit différer nécessairement : aussi n'est-ce ni le feu ni le froid que produit le corps céleste[12], ni quelque autre effet appartenant aux quatre éléments[13].

5 Comme le Monde est une sphère[14] — le zodiaque en effet l'indique —, puisque de toute sphère « le bas » est « le centre » — il est en effet le plus écarté de tous les points de la circonférence —, et que les corps lourds se portent vers le bas, ils se portent vers la terre[15].

Tout cela est l'œuvre des Dieux[16], reçoit son ordonnance de l'entendement, et son mouvement de l'âme[17]. Quant aux Dieux, il en a déjà été précédemment parlé.

ἢ κρείττονα ἢ χείρονα ποιῆσαι ἢ τὸν αὐτὸν ἢ ἀκοσμίαν. Ἀλλ' εἰ μὲν χείρονα, κακὸς ὁ ἐκ κρείττονος χεῖρον ποιῶν· εἰ δὲ κρείττονα, ἀδύνατος ὁ μὴ τὴν ἀρχὴν τὸ κρεῖττον ποιήσας· εἰ δὲ τὸν αὐτόν, μάτην ποιήσει· εἰ δὲ ἀκοσμίαν, ἀλλ' οὐδὲ ἀκούειν τοῦτό γε θέμις.

2 Ἀγένητον δὲ ἱκανὰ μὲν δεῖξαι καὶ ταῦτα· εἰ γὰρ μὴ φθείρεται, οὐδὲ γέγονεν, ἐπειδὴ πᾶν τὸ γινόμενον φθείρεται, καὶ ὅτι ἀνάγκη, διὰ τὴν τοῦ Θεοῦ ἀγαθότητα ὄντος τοῦ Κόσμου, ἀεί τε τὸν Θεὸν ἀγαθὸν εἶναι καὶ τὸν Κόσμον ὑπάρχειν. Ὥσπερ ἡλίῳ μὲν καὶ πυρὶ συνυφίσταται φῶς, σώματι δὲ σκιά.

3 Τῶν δὲ ἐν τῷ Κόσμῳ σωμάτων τὰ μὲν νοῦν μιμεῖται καὶ κύκλῳ κινεῖται, τὰ δὲ ψυχὴν καὶ ἐπ' εὐθείας. Καὶ τῶν μὲν ἐπ' εὐθείας, πῦρ μὲν καὶ ἀὴρ ἄνω, γῆ δὲ καὶ ὕδωρ κάτω· τῶν δὲ κύκλῳ, ἡ μὲν ἀπλανὴς ἀπ' ἀνατολῆς, αἱ δὲ ἑπτὰ ἐκ δύσεως φέρονται. Αἰτίαι δὲ τούτου πολλαὶ μὲν καὶ ἄλλαι καὶ τὸ μὴ ταχείας τῆς περιόδου τῶν σφαιρῶν γινομένης ἀτελῆ τὴν γένεσιν εἶναι.

4 Διαφόρου δὲ τῆς κινήσεως οὔσης, διαφέρειν καὶ τὴν φύσιν τῶν σωμάτων ἀνάγκη· καὶ μήτε καίειν μήτε ψύχειν τὸ οὐράνιον σῶμα μηδὲ ἄλλο τι ποιεῖν ἃ τῶν τεσσάρων στοιχείων.

5 (ιδ') Σφαίρας δὲ οὔσης τοῦ Κόσμου — ὁ γὰρ ζωδιακὸς δείκνυσι τοῦτο —, ἐπειδὴ σφαίρας πάσης τὸ κάτω μέσον ἐστί — πανταχόθεν γὰρ πλεῖστον ἀφέστηκε —, τά τε βαρέα φέρεται κάτω, φέρεται δὲ εἰς γῆν.

Ταῦτα δὲ πάντα ποιοῦσι μὲν Θεοί, τάττει δὲ νοῦς, κινεῖ δὲ ψυχή. Καὶ περὶ μὲν Θεῶν ἤδη προείρηται.

VII 2 1 ἀγένητον A[pc].

VIII

1 L'entendement est une puissance qui vient en seconde place après l'essence, mais en première avant l'âme[1], et qui tient de l'essence son existence mais parfait l'âme[2], tout comme le soleil la vue[3].

Parmi les âmes, les unes sont raisonnables et immortelles, les autres irrationnelles[4] et mortelles ; les unes dérivent des premiers Dieux, les autres des Dieux secondaires[5].

2 Tout d'abord il faut rechercher la véritable nature de l'âme. Or ce qui différencie les êtres animés des êtres inanimés, c'est l'âme, et ils diffèrent par le mouvement, la sensibilité, l'imagination et l'intelligence. Ainsi donc, l'âme irrationnelle est la vie soumise aux sensations et à l'imagination, mais l'âme raisonnable[6], la vie qui commande à la sensibilité et à l'imagination, et qui fait usage de la raison ; l'âme irrationnelle suit les passions du corps[7] : elle désire en effet et s'irrite irrationnellement, mais l'âme raisonnable méprise avec raison les passions du corps, et mène la lutte contre l'âme irrationnelle ; sa victoire engendre la Vertu[8], sa défaite le Vice.

3 Immortelle[9], elle doit l'être nécessairement, parce qu'elle connaît les Dieux — or rien de mortel n'a connaissance de l'immortel —, parce que les affaires humaines sont l'objet de son mépris en tant qu'étrangères, et parce qu'elle réagit en opposition avec les corps[10], vu sa nature incorporelle : quand en effet les corps sont beaux et jeunes, l'âme s'égare, tandis que lorsqu'ils vieillissent, elle est dans sa plénitude[11]. En outre toute âme de valeur fait usage de l'entendement[12], et l'entendement, aucun corps ne le crée ; comment en effet ce qui est privé d'entendement pourrait-il créer l'entendement ?

4 Et quoique l'âme fasse usage du corps comme d'un instrument, elle n'est pas en lui[13]; c'est ainsi que celui qui fait des machines n'est pas non plus dans ses constructions mécaniques[14] : or beaucoup de machines se meuvent sans que personne y touche. Si l'âme dévie

VIII

1 (ιε′) Ἔστι δὲ νοῦς δύναμις οὐσίας μὲν δευτέρα ψυχῆς δὲ πρώτη, ἔχουσα μὲν ἐκ τῆς οὐσίας τὸ εἶναι, τελειοῦσα δὲ τὴν ψυχήν, ὥσπερ ἥλιος τὰς ὄψεις.

Τῶν δὲ ψυχῶν αἱ μέν εἰσι λογικαὶ καὶ ἀθάνατοι, αἱ δὲ ἄλογοι καὶ θνηταί· καὶ αἱ μὲν ἐκ τῶν πρώτων αἱ δὲ ἐκ τῶν δευτέρων παράγονται Θεῶν.

2 Πρῶτον δὲ ὅτιπέρ ἐστι ψυχὴ ζητητέον. Ὧι τοίνυν διαφέρει τὰ ἔμψυχα τῶν ἀψύχων τοῦτό ἐστι ψυχή, διαφέρει δὲ κινήσει, αἰσθήσει, φαντασίᾳ, νοήσει. Ἔστιν ἄρα ψυχὴ ἄλογος μὲν ζωὴ αἰσθητικὴ καὶ φανταστική, λογικὴ δὲ αἰσθήσεως καὶ φαντασίας ἄρχουσα καὶ λόγῳ χρωμένη· καὶ ἡ μὲν ἄλογος τοῖς σωματικοῖς ἕπεται πάθεσιν· ἐπιθυμεῖ γὰρ ἀλόγως καὶ ὀργίζεται, ἡ δὲ λογικὴ τοῦ τε σώματος μετὰ λόγου καταφρονεῖ καὶ πρὸς τὴν ἄλογον μαχομένη κρατήσασα μὲν Ἀρετήν, ἡττηθεῖσα δὲ Κακίαν ποιεῖ.

3 (ις′) Ἀθάνατον δὲ αὐτὴν εἶναι ἀνάγκη, ὅτι τε γινώσκει Θεούς — θνητὸν δὲ οὐδὲν ἀθάνατον οἶδε —, τῶν τε ἀνθρωπίνων πραγμάτων ὡς ἀλλοτρίων καταφρονεῖ, καὶ τοῖς σώμασιν ὡς ἀσώματος ἀντιπέπονθε· καλῶν μὲν γὰρ καὶ νέων ὄντων ἁμαρτάνει, γηρώντων δὲ ἐκείνων ἀκμάζει. Καὶ πᾶσα μὲν σπουδαία ψυχὴ κέχρηται νῷ, νοῦν δὲ οὐδὲν σῶμα γεννᾷ· πῶς γὰρ ἂν τὰ ἀνόητα νοῦν γεννήσαι ;

4 Ὀργάνῳ δὲ χρωμένη τῷ σώματι οὐκ ἔστιν ἐν τούτῳ· ὥσπερ οὐδὲ ὁ μηχανοποιὸς ἐν τοῖς μηχανοποιήμασι· καίτοι πολλὰ τῶν μηχανημάτων οὐδενὸς ἁπτομένου κινεῖται. Εἰ δὲ ὑπὸ τοῦ σώματος παρατρέπεται πολλάκις, θαυμά-

VIII 1 1 νοῦς Vitelli : τις codd. || 2 2 ἔμψυχα Naudé : ἄψυχα codd. || 3 7 γεννήσαι Mullach : γεννήσοι codd.

souvent de sa route du fait du corps[1], il ne faut s'en étonner, car les arts ne pourront atteindre à l'efficience si les instruments sont détériorés.

IX

1 La Providence des Dieux[2] peut aussi être observée grâce à ces faits ; car d'où proviendrait l'ordonnance du Monde s'il n'y avait aucun principe ordonnateur ? Et d'où la finalité régissant la création de tout[3], par exemple celle de l'âme irrationnelle pour qu'il y ait une sensibilité, et de l'âme raisonnable pour que l'ordre règne sur la terre ?

2 Mais on peut encore observer la Providence grâce à son action sur la nature : les yeux en effet ont été rendus transparents[4] afin de permettre la vision, le nez a été placé au-dessus de la bouche afin de distinguer les aliments fétides, quant aux dents, celles du milieu sont tranchantes afin de couper, mais celles de l'intérieur sont larges afin de broyer les aliments ; et nous voyons que toute chose en tout est ainsi conforme à la raison ; il est impossible aussi que la Providence soit telle dans les moindres objets, et qu'elle n'existe pas dans les plus importants : les oracles qui sont rendus dans le Monde et les guérisons[5] des corps qui s'y effectuent sont les témoignages de la bonne Providence[6] des Dieux. **3** Mais on doit considérer qu'une telle sollicitude à l'égard du Monde s'exerce sans délibération ni effort[7] de la part des Dieux ; au contraire, tout comme ceux des corps qui possèdent une puissance exercent leur action[8] par le fait même de leur existence — par exemple le soleil éclaire et chauffe par le seul fait même qu'il existe —, c'est ainsi que, bien plus, la Providence des Dieux existe par elle-même et qu'elle étend ses bienfaits sans peine[9] aux objets de sa prévoyance ; en sorte que les Épicuriens[10] voient une solution intervenir pour leurs problèmes, puisque le divin[11], disent-ils, ignore pour lui-même les tracas et n'en donne pas aux autres.

4 Aussi telle est à l'égard des corps et des âmes l'incorporelle Providence des Dieux. Quant à celle qui

ζειν οὐ δεῖ· καὶ γὰρ αἱ τέχναι τῶν ὀργάνων βλαβέντων ἐνεργεῖν οὐκ ἂν δύναιντο.

IX

1 (ιζʹ) Τὴν δὲ τῶν Θεῶν Πρόνοιαν ἔστι μὲν καὶ ἐκ τούτων ἰδεῖν· πόθεν γὰρ ἡ τάξις τῷ Κόσμῳ εἴπερ μηδὲν ἦν τὸ τάττον ; Πόθεν δὲ τὸ πάντα τινὸς ἕνεκα γίνεσθαι, οἷον ἄλογον μὲν ψυχὴν ἵνα αἴσθησις ᾖ, λογικὴν δὲ ἵνα κοσμῆται ἡ γῆ ;

2 Ἔστι δὲ καὶ ἐκ τῆς περὶ τὴν φύσιν Προνοίας ἰδεῖν· τὰ μὲν γὰρ ὄμματα διαφανῆ πρὸς τὸ βλέπειν κατεσκεύασται, ἡ δὲ ῥὶς ὑπὲρ τὸ στόμα διὰ τὸ κρίνειν τὰ δυσώδη, τῶν δὲ ὀδόντων οἱ μὲν μέσοι ὀξεῖς διὰ τὸ τέμνειν, οἱ δὲ ἔνδον πλατεῖς διὰ τὸ τρίβειν τὰ σιτία· καὶ πάντα δὲ ἐν πᾶσιν οὕτω κατὰ λόγον ὁρῶμεν· ἀδύνατον δὲ ἐν μὲν τοῖς ἐσχάτοις τοσαύτην εἶναι τὴν Πρόνοιαν, ἐν δὲ τοῖς πρώτοις μὴ εἶναι· αἵ τε ἐν τῷ Κόσμῳ μαντεῖαι καὶ θεραπεῖαι σωμάτων γινόμεναι τῆς ἀγαθῆς Προνοίας εἰσὶ τῶν Θεῶν. 3 Τὴν δὲ τοιαύτην περὶ τὸν Κόσμον ἐπιμέλειαν οὐδὲν βουλευομένους οὐδὲ πονοῦντας τοὺς Θεοὺς ἡγητέον ποιεῖσθαι· ἀλλ᾽ ὥσπερ τῶν σωμάτων τὰ δύναμιν ἔχοντα αὐτῷ τῷ εἶναι ποιεῖ ἃ ποιεῖ — οἷον ἥλιος φωτίζει καὶ θάλπει αὐτῷ μόνῳ τῷ εἶναι —, οὕτω πολὺ μᾶλλον ἡ τῶν Θεῶν Πρόνοια αὐτῇ τε ἀπόνως καὶ τοῖς προνοουμένοις ἐπ᾽ ἀγαθῷ γίνεται· ὥστε καὶ αἱ τῶν Ἐπικουρείων λέλυνται ζητήσεις, τὸ γὰρ θεῖον, φασίν, οὐδὲ αὐτὸ πράγματα ἔχειν οὐδὲ ἄλλοις παρέχειν.

4 Καὶ ἡ μὲν ἀσώματος περί τε τὰ σώματα καὶ τὰς ψυχὰς Πρόνοια τῶν Θεῶν ἐστι τοιαύτη. Ἡ δὲ ἐκ τῶν σωμάτων καὶ ἐν τοῖς σώμασιν ἑτέρα τε ταύτης ἐστί, καὶ Εἱμαρμένη

IX 3 2 πονοῦντας Gale ed. prior : ποιοῦντας codd. || 4 τὰ[pc] δύναμιν ἔχοντ. A || 9 ἄλλοις A[pc].

provient des corps et qui réside dans les corps, elle est autre que celle-ci, et on la nomme Destinée[1], parce que c'est plutôt dans les corps qu'apparaît l'enchaînement[2] du Destin. Pour elle, on a même inventé la science mathématique. C'est une croyance fondée sur la raison et la vérité que le gouvernement des affaires humaines et surtout de la nature corporelle incombe non seulement aux Dieux, mais aux corps divins[3] ; et la raison découvre en conséquence que la santé[4] et la maladie, le bonheur et le malheur en dérivent en fonction des mérites. **5** Mais attribuer nos injustices et nos dérèglements à la Destinée, c'est nous faire bons et les Dieux mauvais ; à moins toutefois que l'on ne veuille dire par là que, pour le Monde considéré en sa totalité et pour ce qui est conforme à la nature, tout naît enclin au bien[5], mais qu'une mauvaise éducation et une nature trop faible tournent vers le mal les qualités venues de la Destinée, tout comme il arrive que le soleil, malgré son caractère bienfaisant pour tous, est funeste aux ophtalmiques et aux fiévreux[6]. Pourquoi en effet les Massagètes[7] mangent-ils leurs pères, les Hébreux[8] se font-ils circoncire, et les Perses tiennent-ils à l'abondance de leur géniture[9] ? **6** Et comment Cronos et Arès peuvent-ils être dits maléfiques[10], tandis qu'on en fait inversement des Dieux bons[11] auxquels on rapporte la philosophie et la royauté, le commandement des armées et le dépôt des trésors ? Si d'autre part on fait appel aux aspects trigones ou tétragones[12], il y a extravagance dans le fait que la vertu humaine demeure partout la même, alors que les Dieux changent d'après leur position ; d'autre part, le fait que la haute ou la basse extraction des pères[13] soit mise en avant dans les prophéties apprend que, loin de tout faire, les astres indiquent seulement quelques éléments de l'avenir. Car comment les éléments antérieurs à la naissance pourraient-ils venir de la naissance ?

7 De même que précisément la Providence et la Destinée existent pour les peuples ainsi que pour les cités, et qu'elles existent aussi pour chaque homme, de même également la Fortune existe ; et d'elle aussi, ce qui suit va traiter.

καλεῖται, διὰ τὸ μᾶλλον ⟨ἐν⟩ τοῖς σώμασι φαίνεσθαι τὸν εἱρμόν. Περὶ ἣν καὶ ἡ μαθηματικὴ εὕρηται τέχνη. Τὸ μὲν οὖν μὴ μόνον ἐκ Θεῶν ἀλλὰ καὶ ἐκ τῶν θείων σωμάτων διοικεῖσθαι τὰ ἀνθρώπινα πράγματα καὶ μάλιστα τὴν σωματικὴν φύσιν, εὔλογόν τέ ἐστι καὶ ἀληθές· καὶ διὰ τοῦτο ὑγεῖαν τε καὶ νόσον, εὐτυχίας τε καὶ δυστυχίας κατ' ἀξίαν ἐκεῖθεν γίνεσθαι ὁ λόγος εὑρίσκει.

5 Τὸ δὲ ἀδικίας τε καὶ ἀσελγείας ἐκ τῆς Εἱμαρμένης διδόναι, ἡμᾶς μὲν ἀγαθοὺς τοὺς δὲ Θεοὺς ποιεῖν ἐστι κακούς· εἰ μὴ ἄρα ἐκεῖνο λέγειν ἐθέλοι τις ὡς ὅλῳ μὲν τῷ Κόσμῳ καὶ τοῖς κατὰ φύσιν ἔχουσιν ἐπ' ἀγαθῷ γίνεται πάντα, τὸ δὲ τραφῆναι κακῶς ἢ τὴν φύσιν ἀσθενεστέρως ἔχειν τὰ παρὰ τῆς Εἱμαρμένης ἀγαθὰ εἰς τὸ χεῖρον μεταβάλλει, ὥσπερ τὸν ἥλιον ἀγαθὸν ὄντα πᾶσι, τοῖς ὀφθαλμιῶσιν ἢ πυρέττουσι βλαβερὸν εἶναι συμβαίνει. Διὰ τί γὰρ Μασσαγέται μὲν τοὺς πατέρας ἐσθίουσιν, Ἑβραῖοι δὲ περιτέμνονται, Πέρσαι δὲ τὴν εὐτεκνίαν σῴζουσι ;

6 Πῶς δὲ Κρόνον τε καὶ Ἄρην κακοποιοὺς λέγοντες πάλιν ποιοῦσιν ἀγαθούς, φιλοσοφίαν τε καὶ βασιλείαν, στρατηγίας τε καὶ θησαυροὺς εἰς ἐκείνους ἀνάγοντες ; Εἰ δὲ τρίγωνα καὶ τετράγωνα λέξουσιν, ἄτοπον τὴν μὲν ἀνθρωπίνην ἀρετὴν πανταχοῦ τὴν αὐτὴν μένειν, τοὺς δὲ Θεοὺς ἐκ τῶν τόπων μεταβάλλεσθαι· τὸ δὲ καὶ πατέρων εὐγένειαν ἢ δυσγένειαν προλέγειν ὡς οὐ πάντα ποιούντων τινὰ δὲ σημαινόντων μόνον τῶν ἀστέρων διδάσκει. Πῶς γὰρ ἂν τὰ πρὸ τῆς γενέσεως ἐκ τῆς γενέσεως γένοιτο ;

7 Ὥσπερ τοίνυν Πρόνοια καὶ Εἱμαρμένη ἔστι μὲν περὶ ἔθνη καὶ πόλεις, ἔστι δὲ καὶ περὶ ἕκαστον ἄνθρωπον, οὕτω καὶ Τύχη· περὶ ἧς καὶ λέγειν ἀκόλουθον.

Ἡ τοίνυν τὰ διάφορα καὶ τὰ παρ' ἐλπίδα γινόμενα πρὸς

IX 4 4 ἐν add. Orelli || 5 10 εὐτεκνίαν nos : εὐγένειαν codd. || 6 8 μόνον Gale ed. alt. : μόνων codd. || διδάσκει Mullach e versione Allacci : διδάσκειν codd. || 7 1 μὲν legit Muccio in A.

Les événements divers et ceux qui tournent en bien par l'ordonnance de la puissance des Dieux, quoiqu'ils arrivent contre toute espérance, sont précisément tenus pour la Fortune[1] : et c'est pourquoi il sied que les cités honorent cette déesse surtout par un culte public, car toute cité se trouve composée d'intérêts divers[2]. Sa puissance s'exerce dans la lune[3], puisqu'au-dessus de la lune pas un seul événement ne pourrait venir de la Fortune.

8 Mais si les méchants sont dans le bonheur[4], tandis que les gens de bien sont dans la pauvreté[5], il ne faut pas s'en étonner ; les uns font tout, les autres ne font rien par amour des richesses[6], et le bonheur des méchants ne pourrait extirper leur vice, tandis qu'aux gens de bien la Vertu seule suffit[7].

X

1 Les enseignements sur la Vertu et le Vice[8] demandent un retour sur ceux qui traitent de l'âme[9] ; lorsqu'en effet l'âme irrationnelle pénètre dans les corps et qu'aussitôt elle y produit l'appétit irascible[10] et l'appétit concupiscible[11], l'âme raisonnable prend la direction de ceux-ci pour diviser l'âme en trois parties dépendant de la raison[12], de l'irascible et du concupiscible. Or la vertu de la raison est la sagesse[13], celle de l'irascible le courage[14], celle du concupiscible la tempérance[15], et celle de l'âme tout entière la justice[16]; car il faut que la raison distingue les obligations, que l'irascible, en obéissant à la raison, méprise ce qui paraît dangereux, et que le concupiscible poursuive non ce qui paraît agréable, mais ce qui est conforme à la raison. **2** Quand ces conditions sont réalisées, la vie devient juste, car la pratique de la justice dans les affaires est une grande partie[17] de la Vertu ; et c'est pourquoi chez les gens cultivés[18] toutes ces vertus peuvent s'observer, tandis que chez les gens incultes[19], l'un est courageux mais injuste, l'autre tempérant mais fou, un autre sensé mais sans retenue ; qualités précisément qu'il ne sied pas non plus d'appeler vertus puisqu'elles sont privées de raison

ἀγαθὸν τάττουσα δύναμις τῶν Θεῶν Τύχη νομίζεται· καὶ διὰ τοῦτο μάλιστα κοινῇ τὰς πόλεις τὴν Θεὸν προσήκει τιμᾶν· πᾶσα γὰρ πόλις ἐκ διαφόρων πραγμάτων συνίσταται. Ἐν σελήνῃ δὲ τὴν δύναμιν ἔχει, ἐπειδὴ ὑπὲρ σελήνην οὐδὲ ἓν ἐκ Τύχης ἂν γένοιτο.

8 Εἰ δὲ κακοὶ μὲν εὐτυχοῦσιν ἀγαθοὶ δὲ πένονται, θαυμάζειν οὐ δεῖ· οἱ μὲν γὰρ πάντα, οἱ δὲ οὐδέν, ὑπὸ πλούτων ποιοῦσι, καὶ τῶν μὲν κακῶν ἡ εὐτυχία οὐκ ἂν ἀφέλοι τὴν κακίαν, τοῖς δὲ ἀγαθοῖς ἡ Ἀρετὴ μόνον ἀρκέσει.

X

1 (ιη′) Οἱ δὲ περὶ τῆς Ἀρετῆς καὶ τῆς Κακίας λόγοι πάλιν τῶν περὶ ψυχῆς δέονται· τῆς γὰρ ἀλόγου ἰούσης εἰς τὰ σώματα καὶ θυμὸν εὐθὺς καὶ ἐπιθυμίαν ποιούσης, ἡ λογικὴ τούτοις ἐφεστηκυῖα τριμερῆ ποιεῖ τὴν ψυχὴν ἐκ λόγου καὶ θυμοῦ καὶ ἐπιθυμίας. Ἀρετὴ δὲ λόγου μὲν φρόνησις, θυμοῦ δὲ ἀνδρεία, ἐπιθυμίας δὲ σωφροσύνη, ὅλης δὲ τῆς ψυχῆς δικαιοσύνη· δεῖ γὰρ τὸν μὲν λόγον κρίνειν τὰ δέοντα, τὸν δὲ θυμὸν λόγῳ πειθόμενον τῶν δοκούντων δεινῶν καταφρονεῖν, τήν δὲ ἐπιθυμίαν μὴ τὸ φαινόμενον ἡδὺ ἀλλὰ τὸ μετὰ λόγου διώκειν. 2 Τούτων δὲ οὕτως ἐχόντων, ὁ βίος γίνεται δίκαιος· ἡ γὰρ περὶ χρήματα δικαιοσύνη μακρόν τι μέρος ἐστὶν Ἀρετῆς· καὶ διὰ τοῦτο ἐν μὲν τοῖς πεπαιδευμένοις πάσας ἔστιν ἰδεῖν, ἐν δὲ τοῖς ἀπαιδεύτοις ὁ μέν ἐστιν ἀνδρεῖος καὶ ἄδικος, ὁ δὲ σώφρων καὶ ἀνόητος, ὁ δὲ φρόνιμος καὶ ἀκόλαστος· ὥσπερ οὐδὲ ἀρετὰς προσήκει καλεῖν λόγου τε ἐστερημένας καὶ ἀτελεῖς οὔσας, καὶ τῶν ἀλόγων τισὶ παραγινομένας.

IX **7** 6 προσήκει V : προσηκειν AB ‖ 8 in margine prima manu μήποτε ἐν τοῖς ὑπὸ σελήνην ὀφείλει γράφεσθαι codd. ‖ **8** 2 οὐδὲν ὑπὸ πλούτων codd. : alii alia intempestive proposuerant.

X **1** 2 ἰούσης Gale ed. alt. : οὔσης codd. ‖ **2** 2 μακρόν nos : μικρόν codd.

et imparfaites, et qu'elles échoient même à certains êtres dépourvus de raison *(animaux)*.

3 Quant au Vice, c'est d'après des modes contraires qu'on en doit faire l'examen : le vice de la raison est la déraison, celui de l'irascible la lâcheté, celui du concupiscible le dérèglement, et celui de l'âme tout entière l'injustice. L'origine des vertus est un bon gouvernement[1], une bonne éducation[2] et une bonne instruction[3] ; celle des vices, le contraire.

XI

1 Les gouvernements reposent aussi sur la division tripartite de l'âme[4] ; il y a ressemblance en effet entre les chefs[5] et la raison[6], entre les soldats et l'irascible, entre les gens du peuple et le concupiscible. De même quand tout s'accomplit selon la raison[7] et que le meilleur de tous gouverne, la Royauté[8] s'instaure[9] ; quand tout s'accomplit selon la raison et l'irascible et que plus d'un gouverne, c'est l'Aristocratie[10] qui apparaît ; et quand on règle les affaires publiques selon le concupiscible et que les honneurs sont accordés en fonction des avantages financiers[11], le nom d'un tel gouvernement est Timocratie[12].

2 Il y a opposition entre la Royauté et la Tyrannie[13], car la première fait tout selon la raison, tandis que la seconde ne fait rien d'après la raison[14] ; l'Aristocratie s'oppose à l'Oligarchie[15], parce que ce ne sont pas les meilleurs, mais un petit nombre, et des pires[16], qui gouvernent ; la Timocratie s'oppose à la Démocratie[17], parce que ce ne sont pas ceux qui possèdent le capital[18], mais le peuple qui est maître de tout[19].

XII

1 Mais comment, puisque les Dieux sont bons, et qu'ils font tout, les maux peuvent-ils exister dans le Monde[20] ? Ou ne faut-il pas tout d'abord dire à ce propos que, puisque les Dieux sont bons et qu'ils font tout, la

3 Ἡ δὲ Κακία ἐκ τῶν ἐναντίων θεωρείσθω· λόγου μὲν ἄνοια, θυμοῦ δὲ δειλία, ἐπιθυμίας δὲ ἀκολασία, ὅλης δὲ τῆς ψυχῆς ἀδικία. Γίνονται δὲ αἱ μὲν ἀρεταὶ ἐκ πολιτείας ὀρθῆς καὶ τοῦ τραφῆναι καλῶς καὶ παιδευθῆναι· αἱ δὲ κακίαι ἐκ τῶν ἐναντίων.

XI

1 (ιθʹ) Καὶ αἱ πολιτεῖαι δὲ κατὰ τὴν τριμέρειαν γίνονται τῆς ψυχῆς· ἐοίκασι γὰρ οἱ μὲν ἄρχοντες τῷ λόγῳ, οἱ δὲ στρατιῶται τῷ θυμῷ, οἱ δὲ δῆμοι ταῖς ἐπιθυμίαις. Καὶ ὅπου μὲν κατὰ λόγον πράττεται πάντα καὶ ὁ πάντων ἄριστος ἄρχει, Βασιλεία γίνεται· ὅπου δὲ κατὰ λόγον τε καὶ θυμὸν καὶ πλείους ἑνὸς ἄρχουσιν, Ἀριστοκρατίαν εἶναι συμβαίνει· ὅπου δὲ κατὰ ἐπιθυμίαν πολιτεύονται καὶ αἱ τιμαὶ πρὸς τὰ χρήσιμα γίνονται, Τιμοκρατία ἡ τοιαύτη πολιτεία καλεῖται. 2 Ἐναντία δὲ Βασιλείᾳ μὲν Τυραννίς· ἡ μὲν γὰρ μετὰ λόγου πάντα, ἡ δὲ οὐδὲν κατὰ λόγον ποιεῖ· Ἀριστοκρατίᾳ δὲ Ὀλιγαρχία, ὅτι οὐχ οἱ ἄριστοι, ἀλλ' ὀλίγοι κάκιστοι ἄρχουσι· Τιμοκρατίᾳ δὲ Δημοκρατία, ὅτι οὐχ οἱ τὰς οὐσίας ἔχοντες, ἀλλ' ὁ δῆμος κύριός ἐστιν ἁπάντων.

XII

1 (κʹ) Ἀλλὰ πῶς Θεῶν ἀγαθῶν ὄντων καὶ πάντα ποιούντων τὰ κακὰ ἐν τῷ Κόσμῳ ; Ἢ πρῶτον μὲν αὐτὸ τοῦτο ῥητέον ὅτι Θεῶν ἀγαθῶν ὄντων καὶ πάντα ποιούντων κακοῦ φύσις οὐκ ἔστιν, ἀπουσίᾳ δὲ ἀγαθοῦ γίνεται, ὥσπερ

XI 1 4 in margine prima manu ζήτησις περὶ ἀρχῆς A.

nature du mal n'existe pas[1], mais que l'absence du bien le fait naître[2], tout comme aussi l'ombre en soi n'existe pas, mais que l'absence de lumière la fait naître ? **2** Si donc le mal existe, il doit nécessairement exister[3] ou dans les Dieux, ou dans les intelligences, ou dans les âmes, ou dans les corps. Mais dans les Dieux il n'existe pas[4], puisque tout Dieu est bon ; si d'autre part c'est l'intelligence que l'on dit mauvaise, on parle d'une intelligence inintelligente[5] ; si c'est l'âme, on tend à la faire pire que le corps, car tout corps, en soi, ne possède pas le mal ; si c'est de l'âme et du corps que provient le mal, il est déraisonnable que pris séparément ils ne soient pas mauvais, mais que réunis ils produisent le mal.

3 Si, d'un autre côté, ce sont les Démons que l'on disait mauvais[6], l'attribution de leur puissance aux Dieux exclurait qu'ils fussent mauvais, tandis que par l'attribution à une autre origine, tout ne serait pas fait par les Dieux. Or si tout n'est pas fait par eux, c'est ou bien que leur volonté est sans puissance, ou bien que leur puissance est sans volonté, hypothèses qui ni l'une ni l'autre ne conviennent à Dieu[7].

4 Ainsi donc, ces réflexions permettent d'observer que rien dans le Monde n'est naturellement mauvais ; mais c'est à propos des pratiques des hommes[8], et encore non pas de tous les hommes, ni des pratiques de tous les temps, qu'apparaît le mal. **5** De là, si le mal était commis pour lui-même par les hommes, la nature même serait mauvaise[9] ; or si l'auteur d'un adultère prend l'adultère pour un mal, mais le plaisir pour un bien, si l'assassin prend l'assassinat pour un mal, mais les fonds pour un bien, si celui qui fait du mal à son ennemi prend le mal qu'il fait pour un mal[10], mais la défense contre son ennemi pour un bien[11], et si tous les torts sont ainsi commis par l'âme, c'est à cause du bien que naissent les maux, tout comme lorsque la lumière est absente naît l'obscurité[12] qui naturellement n'existe pas[13] ; il y a donc faute de l'âme, parce qu'elle tend au bien[14], mais elle fait erreur sur la nature du bien[15], parce qu'elle n'est pas une essence première.

6 Pour éviter l'erreur et traiter l'erreur, on peut observer que de nombreux remèdes ont été créés par

καὶ σκότος αὐτὸ μὲν οὐκ ἔστιν ἀπουσίᾳ δὲ φωτὸς γίνεται ;

2 Ἀνάγκη δὲ εἴπερ ἔστιν ἢ ἐν Θεοῖς εἶναι ἢ νοῖς ἢ ψυχαῖς ἢ σώμασιν. Ἀλλ' ἐν μὲν Θεοῖς οὐκ ἔστιν, ἐπειδὴ πᾶς Θεὸς ἀγαθός· εἰ δὲ νοῦν τίς φησι κακόν, νοῦν ἀνόητον λέγει· εἰ δὲ ψυχήν, χείρονα ποιήσει σώματος· πᾶν γὰρ σῶμα καθ' ἑαυτὸ κακίαν οὐκ ἔχει· εἰ δὲ ἐκ ψυχῆς καὶ σώματος, ἄλογον κεχωρισμένα μὲν μὴ εἶναι κακὰ συνελθόντα δὲ κακίαν ποιεῖν.

3 Εἰ δὲ Δαίμονάς τις λέγοι κακούς, εἰ μὲν ἐκ Θεῶν τὴν δύναμιν ἔχουσιν, οὐκ ἂν εἶεν κακοί, εἰ δὲ ἀλλαχόθεν, οὐ πάντα ποιοῦσι Θεοί. Εἰ δὲ μὴ πάντα ποιοῦσιν, ἢ βουλόμενοι οὐ δύνανται ἢ δυνάμενοι οὐ βούλονται, ὧν οὐδέτερον πρέπει Θεῷ.

4 Ὅτι μὲν οὖν οὐδὲν ἐν τῷ Κόσμῳ φύσει κακὸν ἐκ τούτων ἔστιν ἰδεῖν· περὶ δὲ τὰς τῶν ἀνθρώπων ἐνεργείας καὶ τούτων οὐ πάντων οὐδὲ ἀεὶ φαίνεται τὰ κακά. 5 Ταῦτα δὲ εἰ μὲν δι' αὐτὸ τὸ κακὸν ἡμάρτανον ἄνθρωποι, αὐτὴ ἂν ἦν ἡ φύσις κακή· εἰ δὲ ὁ μὲν μοιχεύων τὴν μὲν μοιχείαν ἡγεῖται κακὸν τὴν δὲ ἡδονὴν ἀγαθόν, ὁ δὲ φονεύων τὸν μὲν φόνον ἡγεῖται κακὸν τὰ δὲ χρήματα ἀγαθά, ὁ δὲ ἐχθρὸν κακῶς ποιῶν τὸ μὲν κακῶς ποιῆσαι κακὸν τὸ δὲ τὸν ἐχθρὸν ἀμύνασθαι ἀγαθόν, καὶ πάντα οὕτως ἁμαρτάνει ἡ ψυχή, δι' ἀγαθότητα γίνεται τὰ κακά, ὥσπερ διὰ τὸ φῶς μὴ εἶναι γίνεται σκότος φύσει μὴ ὄν· ἁμαρτάνει μὲν οὖν ψυχὴ ὅτι ἐφίεται ἀγαθοῦ, πλανᾶται δὲ περὶ τὸ ἀγαθὸν ὅτι μὴ πρώτη ἐστὶν οὐσία.

6 Ὑπὲρ δὲ τοῦ μὴ πλανᾶσθαι καὶ πλανηθεῖσαν θεραπεύεσθαι πολλὰ παρὰ Θεῶν γινόμενα ἔστιν ἰδεῖν· καὶ γὰρ τέχναι ⟨τε⟩ καὶ ἐπιστῆμαι καὶ μελέται, εὐχαί τε καὶ θυσίαι καὶ τελεταί, νόμοι τε καὶ πολιτεῖαι, δίκαι τε καὶ κολάσεις

XII 2 1 εἶναι V : omis. A || 5 7 : ψυχὴ A || 6 3 τε nos add. || μελέται nos e Muccio : ἀρεταί codd.

les Dieux : les arts[1], les sciences et les exercices[2], les prières, les sacrifices et les rites d'initiation, les lois et les institutions politiques, les jugements et les châtiments, doivent leur création au désir d'empêcher les âmes de faillir ; et à leur sortie du corps[3], des Dieux et des Démons purificateurs[4] les purifient de leurs fautes.

XIII

1 Ceux qui sont incapables d'être dirigés selon la philosophie, mais dont l'âme n'est pas incurable, se contenteront[5] donc de ces considérations sur les Dieux, sur le Monde et sur les affaires humaines ; mais il reste à parler[6] sur leur incréation[7] à un moment quelconque, et sur leur inséparation réciproque, puisqu'aussi bien nous avons déclaré en nos enseignements[8] que des principes premiers dérivent des principes seconds[9].

2 Tout ce qui se trouve créé doit sa création soit à l'art, soit à la nature, soit à l'action de quelque puissance ; or donc, les causes agissant ou selon l'art, ou selon la nature, doivent être nécessairement premières par rapport à leurs effets, tandis que les causes agissant selon une puissance[10] rassemblent leurs créations avec elles-mêmes[11], puisque c'est aussi une puissance inséparable d'elles-mêmes qu'elles possèdent, tout comme précisément le soleil possède la lumière, le feu la chaleur, et la neige le froid.

3 Si donc c'est par art que les Dieux font le Monde, ce n'est pas son être mais le mode de son être qu'ils produisent, car tout art produit la forme[12]. D'où vient alors l'être, au Monde ?

Si c'est par nature, tout ce qui produit par nature donne quelque chose de lui-même à ce qu'il crée, et puisque les Dieux sont incorporels[13], il faudrait aussi que le Monde fût incorporel. Et si l'on dit que les Dieux sont des corps, d'où viendrait la puissance des êtres incorporels ? De même l'accord sur ce point implique nécessairement que la destruction du Monde entraîne la destruction de son auteur, puisque c'est selon sa nature qu'il produit.

διὰ τὸ κωλύειν ψυχὰς ἁμαρτάνειν ἐγένοντο· καὶ τοῦ σώματος ἐξελθούσας Θεοὶ καθάρσιοι καὶ Δαίμονες τῶν ἁμαρτημάτων καθαίρουσι.

XIII

1 (κα´) Περὶ μὲν οὖν Θεῶν καὶ Κόσμου καὶ τῶν ἀνθρωπίνων πραγμάτων τοῖς μήτε διὰ φιλοσοφίας ἀχθῆναι δυναμένοις μηδὲ τὰς ψυχὰς ἀνιάτοις ἀρκέσει ταῦτα· περὶ δὲ τοῦ μὴ γενέσθαι ταῦτά ποτε μηδὲ ἀλλήλων χωρίζεσθαι λείπεται λέγειν, ἐπειδὴ καὶ ἡμεῖς ἐν τοῖς λόγοις ὑπὸ τῶν πρώτων τὰ δεύτερα εἴπομεν γίνεσθαι.

2 Πᾶν τὸ γινόμενον ἢ τέχνῃ ἢ φύσει ἢ κατὰ δύναμιν γίνεται· τὰ μὲν οὖν κατὰ τέχνην ἢ φύσιν ποιοῦντα πρότερα εἶναι τῶν ποιουμένων ἀνάγκη, τὰ δὲ κατὰ δύναμιν μεθ' ἑαυτῶν συνίστησι τὰ γινόμενα, ἐπειδὴ καὶ τὴν δύναμιν ἀχώριστον ἔχει, ὥσπερ δὴ ἥλιος μὲν φῶς πῦρ δὲ θερμότητα χιὼν δὲ ψυχρότητα.

3 Εἰ μὲν οὖν τέχνῃ τὸν Κόσμον ποιοῦσι Θεοί, οὐ τὸ εἶναι τὸ δὲ τοιόνδε εἶναι ποιοῦσι· πᾶσα γὰρ τέχνη τὸ εἶδος ποιεῖ. Πόθεν οὖν τὸ εἶναι τῷ Κόσμῳ ;

Εἰ δὲ φύσει, πᾶν τὸ φύσει ποιοῦν ἑαυτοῦ τι δίδωσι τῷ γινομένῳ, ἀσωμάτων δὲ τῶν Θεῶν ὄντων ἐχρῆν καὶ τὸν Κόσμον ἀσώματον εἶναι. Εἰ δὲ τοὺς Θεοὺς σώματα λέγοι τις πόθεν τῶν ἀσωμάτων ἡ δύναμις ; Εἰ δὲ καὶ τοῦτο συγχωρήσαιμεν, φθειρομένου τοῦ Κόσμου, τὸν ποιήσαντα φθείρεσθαι ἀνάγκη, εἴπερ κατὰ φύσιν ποιεῖ.

4 Εἰ δὲ μὴ τέχνῃ μηδὲ φύσει τὸν Κόσμον ποιοῦσι Θεοί, δυνάμει λείπεται μόνον· πᾶν δὲ τὸ δυνάμει γινόμενον τῷ

XIII 2 5 δὴ Naudé : δὲ codd.

4 Si ce n'est ni par art ni par nature que les Dieux font le Monde, il reste que leur seule puissance le crée ; or tout ce qu'une puissance créée coexiste avec le détenteur de la puissance[1], et la mort ne peut jamais atteindre les êtres ainsi créés, à moins que l'on ne prive leur auteur de sa puissance. En sorte que ceux qui envisagent la destruction du Monde[2] disent que les Dieux n'existent pas, ou, tout en disant que les Dieux existent, ils imaginent Dieu impuissant[3]. Ainsi donc, en créant tout par sa puissance, il fait tout coexister avec lui-même[4], et comme sa puissance est suprême, ce ne sont pas seulement les hommes et les animaux qu'il devait produire, mais les Dieux, les Anges[5] et les Démons.

5 Aussi, plus grande est la distance de notre nature au premier Dieu, plus nombreuses doivent être nécessairement les puissances interposées entre nous et Lui[6] ; c'est qu'en effet toutes choses qui sont très éloignées les unes des autres ont beaucoup d'intermédiaires[7].

XIV

1 Si l'on prend l'immuabilité des Dieux[8] pour une notion fondée sur la raison et la vérité, et qu'on est en difficulté sur ce qui fait que les gens de bien leur causent du plaisir et que les méchants leur inspirent de l'aversion[9], que les pécheurs les irritent et que leurs servants les rendent favorables, il faut dire que Dieu ignore le plaisir — car ce qui éprouve du plaisir éprouve aussi de la douleur[10] —, qu'il ignore la colère[11] — car c'est une passion que la colère[12] —, que les présents ne lui agréent pas comme devoirs — car la jouissance l'emporterait sur lui[13] —, et qu'il n'est pas permis que les affaires humaines affectent en bien ou en mal le divin[14]. Au contraire, les Dieux sont bons, éternellement, et ne sont que secourables ; ils ne nuisent jamais, puisqu'ils demeurent ainsi dans le même état[15].

2 Quant à nous, si nous sommes bons par ressemblance avec eux nous communions avec les Dieux[16], tandis que si nous devenons mauvais par dissemblance nous nous en éloignons ; et lorsque nous vivons vertueu-

τὴν δύναμιν ἔχοντι συνυφίσταται, καὶ οὐδὲ ἀπολέσθαι ποτὲ τὰ οὕτως γινόμενα δύνανται, εἰ μή τις τοῦ ποιοῦντος ἀφέλοι τὴν δύναμιν. Ὥστε οἱ τὸν Κόσμον φθείροντες Θεοὺς μὴ εἶναι λέγουσιν, ἢ Θεοὺς εἶναι λέγοντες τὸν Θεὸν ποιοῦσιν ἀδύνατον. Δυνάμει μὲν οὖν πάντα ποιῶν ἑαυτῷ συνυφίστησι πάντα, μεγίστης δὲ τῆς δυνάμεως οὔσης οὐκ ἀνθρώπους ἔδει καὶ ζῷα μόνα ποιεῖν ἀλλὰ Θεούς τε καὶ Ἀγγέλους καὶ Δαίμονας.

5 Καὶ ὅσῳ τῆς ἡμετέρας φύσεως ὁ πρῶτος διαφέρει Θεός, τοσούτῳ πλείους εἶναι τὰς μεταξὺ ἡμῶν τε κἀκείνου δυνάμεις ἀνάγκη· πάντα γὰρ πλεῖστον ἀλλήλων κεχωρισμένα πολλὰ ἔχει τὰ μέσα.

XIV

1 (κϛʹ) Εἰ δέ τις τὸ μὲν Θεοὺς μὴ μεταβάλλεσθαι εὔλογόν τε ἡγεῖται καὶ ἀληθές, ἀπορεῖ δὲ πῶς ἀγαθοῖς μὲν χαίρουσι κακοὺς δὲ ἀποστρέφονται, καὶ ἁμαρτάνουσι μὲν ὀργίζονται θεραπευόμενοι δὲ ἵλεῳ γίνονται, ῥητέον ὡς οὐ χαίρει Θεός — τὸ γὰρ χαῖρον καὶ λυπεῖται —, οὐδὲ ὀργίζεται — πάθος γὰρ καὶ τὸ ὀργίζεσθαι —, οὐδὲ δώροις θεραπεύεται — ἡδονῇ γὰρ ἂν ἡττηθείη —, οὐδὲ θέμις ἐκ τῶν ἀνθρωπίνων πραγμάτων οὔτε καλῶς οὔτε κακῶς ἔχειν τὸ θεῖον. Ἀλλ' ἐκεῖνοι μὲν ἀγαθοί τέ εἰσιν ἀεὶ καὶ ὠφελοῦσι μόνον· βλάπτουσι δὲ οὐδέποτε κατὰ τὰ αὐτὰ ὡσαύτως ἔχοντες.

2 Ἡμεῖς δὲ ἀγαθοὶ μὲν ὄντες δι' ὁμοιότητα Θεοῖς συναπτόμεθα, κακοὶ δὲ γενόμενοι δι' ἀνομοιότητα χωριζόμεθα· καὶ κατ' ἀρετὰς μὲν ζῶντες ἐχόμεθα τῶν Θεῶν, κακοὶ δὲ γενόμενοι ἐχθροὺς ἡμῖν ποιοῦμεν ἐκείνους, οὐκ ἐκείνων ὀργιζομένων ἀλλὰ τῶν ἁμαρτημάτων Θεοὺς μὲν

XIII 4 10 Ἀγγέλους nos e Nock : ἀνθρώπους codd.
XIV 1 3 κακοὺς Gale ed alt. : κακοῖς codd.

sement nous nous attachons aux Dieux, tandis que si nous devenons mauvais, ce sont des ennemis que nous nous faisons en eux, non que ceux-ci s'irritent, mais parce que nos péchés ne permettent pas aux Dieux de nous illuminer et qu'ils nous attachent aux Démons du châtiment[1]. **3** Au contraire, si par des prières et des sacrifices nous trouvons l'absolution de nos péchés, si nous rendons des devoirs aux Dieux et si nous les changeons[2], du moins guérissant notre vice par ces pratiques et par la conversion vers le divin, nous goûtons de nouveau à la bonté des Dieux ; en sorte qu'il revient au même de dire que Dieu se détourne des méchants et que le soleil se cache de ceux qui ont perdu les yeux.

XV

1 Ces observations résolvent à la fois le problème posé par les sacrifices[3] et par les autres honneurs rendus aux Dieux. Par lui-même en effet le divin est sans besoins[4], et les dévotions offertes le sont pour notre propre utilité.

2 La Providence des Dieux s'étend partout[5], et il n'est besoin que d'adaptation pour l'accueillir ; or toute adaptation naît de l'imitation et de la ressemblance, c'est pourquoi les sanctuaires imitent le ciel[6], les autels la terre, les statues la vie[7] — et c'est la raison pour laquelle elles sont faites à l'image des êtres vivants —, les prières imitent l'intellectuel, les signes sacrés[8] les indicibles puissances d'en haut, les plantes[9] et les pierres la matière, et les sacrifices d'animaux la vie irrationnelle[10] qui est en nous.

3 Les Dieux ne gagnent rien à toutes ces pratiques — car quel gain pourrait-il exister pour des Dieux[11] ? — mais nous, nous y gagnons la communion avec Eux[12].

XVI

1 Il vaut la peine, à mon avis, d'ajouter de brèves réflexions sur les sacrifices[13]. En premier lieu, puisque nous tenons tout des Dieux, il est juste d'offrir aux

ἡμῖν οὐκ ἐόντων ἐλλάμπειν Δαίμοσι δὲ κολαστικοῖς συναπτόντων. 3 Εἰ δὲ εὐχαῖς καὶ θυσίαις λύσιν τῶν ἁμαρτημάτων εὑρίσκομεν καὶ τοὺς Θεοὺς θεραπεύομεν καὶ μεταβάλλομεν, ἀλλὰ διὰ τῶν δρωμένων καὶ τῆς πρὸς τὸ θεῖον ἐπιστροφῆς τὴν ἡμετέραν κακίαν ἰώμενοι πάλιν τῆς τῶν Θεῶν ἀγαθότητος ἀπολαύομεν· ὥστε ὅμοιον τὸν Θεὸν λέγειν τοὺς κακοὺς ἀποστρέφεσθαι καὶ τὸν ἥλιον τοῖς ἐστερημένοις τῶν ὄψεων κρύπτεσθαι.

XV

1 (κγ′) Ἐκ δὲ τούτων καὶ ἡ περὶ θυσιῶν καὶ τῶν ἄλλων τῶν εἰς Θεοὺς γινομένων τιμῶν λέλυται ζήτησις. Αὐτὸ μὲν γὰρ τὸ θεῖον ἀνενδεές, αἱ δὲ τιμαὶ τῆς ἡμετέρας ὠφελείας ἕνεκα γίνονται.

2 Καὶ ἡ μὲν Πρόνοια τῶν Θεῶν διατείνει πανταχῇ, ἐπιτηδειότητος δὲ μόνον πρὸς ὑποδοχὴν δεῖται· πᾶσα δὲ ἐπιτηδειότης μιμήσει καὶ ὁμοιότητι γίνεται, διὸ οἱ μὲν ναοὶ τὸν οὐρανόν, οἱ δὲ βωμοὶ μιμοῦνται τὴν γῆν, τὰ δὲ ἀγάλματα τὴν ζωήν — καὶ διὰ τοῦτο ζῴοις ἀπείκασται —, αἱ δὲ εὐχαὶ τὸ νοερόν, οἱ δὲ χαρακτῆρες τὰς ἀρρήτους ἄνω δυνάμεις, βοτάναι δὲ καὶ λίθοι τὴν ὕλην, τὰ δὲ θυόμενα ζῷα τὴν ἐν ἡμῖν ἄλογον ζωήν.

3 Ἐκ δὲ τούτων ἁπάντων τοῖς μὲν Θεοῖς πλέον οὐδέν — τί γὰρ ἂν πλέον γένοιτο Θεῷ ; — ἡμῖν δὲ πρὸς ἐκείνους γίνεται συναφή.

XVI

1 (κδ′) Ἄξιον δέ, οἶμαι, περὶ θυσιῶν βραχέα προσθεῖναι. Πρῶτον μὲν ἐπειδὴ πάντα παρὰ Θεῶν ἔχομεν, δίκαιον

XIV 3 2 καὶ[1] καὶ[2] codd. : alii alia sine jure proposuerant.
XV 3 1 τοῖς μὲν Θεοῖς Naudé : τοὺς μὲν Θεοὺς codd.

donateurs les prémices de leurs dons[1] : nous offrons les prémices de nos richesses par des offrandes votives, de nos corps par des cheveux coupés[2], et de notre vie par des sacrifices. Ensuite, les prières[3] sans les sacrifices ne sont que des paroles, mais celles qui accompagnent les sacrifices sont des paroles animées[4], puisque la parole fortifie la vie et que la vie anime la parole. De plus le bonheur de toute chose est son intime perfection[5], et l'intime perfection pour chacune est sa communion avec sa propre cause ; c'est aussi pourquoi nous-mêmes nous souhaitons d'être en communion[6] avec les Dieux.

2 Or puisque la vie primordiale est la vie des Dieux, que la vie humaine est un mode de vie[7], et que celle-ci veut communier avec celle-là, il est besoin d'un médiateur[8] ; car les objets les plus distants ne communiquent nullement sans médiation[9]. Mais le médiateur est obligé d'être semblable aux objets en communion : il fallait donc que le médiateur de la vie fût la vie[10]. C'est pourquoi ce sont des êtres animés que les hommes sacrifient, à la fois ceux qui sont maintenant dans le bonheur[11] et tous ceux qui furent jadis ; et cela non pas indistinctement, mais en offrant à chaque Dieu les victimes qui lui conviennent[12], accompagnées des nombreux autres devoirs religieux. Et sur ce sujet, c'est assez.

XVII

1 On a dit du Monde que les Dieux ne le détruiront pas[13], mais il reste à parler du caractère impérissable[14] de sa nature ; en effet tout ce qui périt, ou bien périt par lui-même ou bien par un autre[15]. Si donc le Monde périt par lui-même, il faudrait aussi que le feu lui-même se brûlât[16] et que l'eau elle-même se desséchât ; si c'est par un autre, c'est par un agent corporel ou par un agent incorporel. **2** Mais il est impossible qu'un agent incorporel le fasse périr, car les agents incorporels, comme la nature[17] et l'âme, préservent les corps, et rien ne périt par un agent naturellement préservateur ; si d'autre part il périt par un agent corporel, c'est ou bien par ceux qui existent ou bien par d'autres. Si même c'est

δὲ τοῖς διδοῦσι τῶν διδομένων ἀπάρχεσθαι· χρημάτων μὲν δι' ἀναθημάτων, σωμάτων δὲ διὰ κόμης, ζωῆς δὲ διὰ θυσιῶν ἀπαρχόμεθα. Ἔπειτα αἱ μὲν χωρὶς θυσιῶν εὐχαὶ λόγοι μόνον εἰσίν, αἱ δὲ μετὰ θυσιῶν ἔμψυχοι λόγοι, τοῦ μὲν λόγου τὴν ζωὴν δυναμοῦντος τῆς δὲ ζωῆς τὸν λόγον ψυχούσης. Ἔτι παντὸς πράγματος εὐδαιμονία ἡ οἰκεία τελειότης ἐστίν, οἰκεία δὲ τελειότης ἑκάστῳ ἡ πρὸς τὴν ἑαυτοῦ αἰτίαν συναφή· καὶ διὰ τοῦτο ἡμεῖς εὐχόμεθα συναφθῆναι Θεοῖς.

2 Ἐπεὶ τοίνυν ζωὴ μὲν πρώτη ἡ τῶν Θεῶν ἐστι, ζωὴ δέ τις καὶ ἡ ἀνθρωπίνη, βούλεται δὲ αὕτη συναφθῆναι ἐκείνῃ, μεσότητος δεῖται· οὐδὲν γὰρ τῶν πλεῖστον διεστώτων ἀμέσως συνάπτεται. Ἡ δὲ μεσότης ὁμοία εἶναι τοῖς συναπτομένοις ὀφείλει· ζωῆς οὖν μεσότητα ζωὴν ἐχρῆν εἶναι. Καὶ διὰ τοῦτο ζῷα θύουσιν ἄνθρωποι, οἵ τε νῦν εὐδαίμονες καὶ πάντες οἱ πάλαι· καὶ ταῦτα οὐχ ἁπλῶς ἀλλ' ἑκάστῳ Θεῷ τὰ πρέποντα, μετὰ πολλῆς τῆς ἄλλης θρησκείας. Καὶ περὶ μὲν τούτων ἱκανά.

XVII

1 (κε') Τὸν δὲ Κόσμον ὅτι μὲν οὐκ ἂν Θεοὶ φθεροῦσιν εἴρηται, ὅτι δὲ καὶ τὴν φύσιν ἄφθαρτον ἔχει λέγειν ἀκόλουθον· πᾶν γὰρ τὸ φθειρόμενον ἢ ὑφ' ἑαυτοῦ φθείρεται ἢ ὑπὸ ἄλλου. Εἰ μὲν οὖν ὑφ' ἑαυτοῦ ὁ Κόσμος φθείρεται, ἔδει καὶ τὸ πῦρ ἑαυτὸ καίειν καὶ τὸ ὕδωρ ἑαυτὸ ξηραίνειν· εἰ δὲ ὑπὸ ἄλλου, ἢ σώματος ἢ ἀσωμάτου. 2 Ἀλλ' ὑπὸ μὲν ἀσωμάτου ἀδύνατον, τὰ γὰρ ἀσώματα σῴζει τὰ σώματα οἷον φύσις καὶ ψυχή, οὐδὲν δὲ ὑπὸ τοῦ φύσει σῴζοντος φθείρε-

XVI 1 4 κόμης Nock : κόσμου codd. || 8 εὐδαιμονία V : εὐδαιμονα A omisit B || 10 post ἡμεῖς rasura in A.

par ceux qui existent, c'est ou bien que ceux qui ont un mouvement circulaire font périr ceux qui ont un mouvement rectiligne[1], ou bien que ceux qui ont un mouvement rectiligne font périr ceux qui ont un mouvement circulaire. **3** Mais ceux qui ont un mouvement circulaire n'ont pas une nature destructrice[2] — car pourquoi ne voyons-nous rien de détruit de ce fait ? — et ceux qui ont un mouvement rectiligne ne peuvent atteindre ceux-là[3] — car pourquoi ne l'ont-ils pas pu jusqu'à maintenant ? — or ceux qui ont un mouvement rectiligne ne peuvent pas non plus se détruire les uns les autres : car la destruction de l'un est la création d'un autre, et ce n'est pas là détruire mais changer[4]. Si enfin c'est par d'autres corps[5] que le Monde périt, d'où proviennent-ils et où sont-ils maintenant ? On ne peut le dire.

4 En outre tout ce qui périt, périt ou dans son mode ou dans sa matière. Or le mode est la forme, et la matière le corps ; et si les modes périssent tandis que la matière demeure, nous voyons d'autres êtres naître[6] ; mais si la matière périt, comment depuis tant d'années n'a-t-elle pas manqué[7] ? **5** Si à la place de la matière qui périt d'autres êtres naissent, ils naissent ou bien de ceux qui existent ou bien de ceux qui n'existent pas ; or si c'est de ceux qui existent, comme ceux qui existent demeurent toujours, la matière aussi existe toujours ; et si ceux qui existent périssent, on dit que c'est non seulement le Monde mais Tout qui périt. Si c'est des corps qui n'existent pas que naît la matière, il est d'abord impossible que de choses qui n'existent pas soit tiré l'être de quelque chose ; si même cela arrivait et qu'il fût possible que de choses qui n'existent pas soit tiré l'être de la matière, aussi longtemps qu'existeraient celles qui n'existent pas, la matière existerait[8], car jamais ne meurt ce qui n'existe pas.

6 Mais si l'on dit que la matière demeure sans forme, d'abord pourquoi n'est-ce pas en ses parties[9] mais en son entier que ce prédicat s'applique au Monde ? Ensuite, ce n'est pas l'existence des corps mais leur beauté[10] seule que l'on fait périr.

7 En outre tout ce qui périt ou bien se résout en ses

ται· εἰ δὲ ὑπὸ σώματος, ἢ ὑπὸ τῶν ὄντων ἢ ὑπὸ ἑτέρων. Καὶ εἰ μὲν ὑπὸ τῶν ὄντων, ἢ ὑπὸ τῶν κύκλῳ κινουμένων τὰ ἐπ' εὐθείας ἢ ὑπὸ τῶν ἐπ' εὐθείας τὰ κύκλῳ. 3 Ἀλλ' οὐδὲ τὰ κύκλῳ φθαρτικὴν ἔχει φύσιν — διὰ τί γὰρ μηδὲν ὁρῶμεν ἐκεῖθεν φθειρόμενον ; — οὐδὲ τὰ ἐπ' εὐθείας ἐκείνων ἅψασθαι δύναται — διὰ τί γὰρ ἄχρι νῦν οὐκ ἠδυνήθη ; — ἀλλ' οὐδὲ τὰ ἐπ' εὐθείας ὑπ' ἀλλήλων φθείρεσθαι δύναται· ἡ γὰρ ἄλλου φθορὰ ἄλλου γένεσίς ἐστι, τοῦτο δὲ φθείρεσθαι μὲν οὐκ ἔστι, μεταβάλλεσθαι δέ. Εἰ δὲ ὑπ' ἄλλων σωμάτων ὁ Κόσμος φθείρεται, πόθεν γενομένων ἢ ποῦ νῦν ὄντων ; Οὐκ ἔστιν εἰπεῖν.

4 Ἔτι πᾶν τὸ φθειρόμενον, ἢ εἴδει ἢ ὕλῃ φθείρεται. Ἔστι δὲ εἶδος μὲν τὸ σχῆμα, ὕλη δὲ τὸ σῶμα· καὶ τῶν μὲν εἰδῶν φθειρομένων, τῆς δὲ ὕλης μενούσης, ἕτερα ὁρῶμεν γινόμενα· εἰ δὲ ὕλη φθείρεται, πῶς ἐν τοσούτοις ἔτεσιν οὐκ ἐπέλιπεν ; 5 Εἰ δὲ ἀντὶ τῆς φθειρομένης ἑτέρα γίνεται, ἢ ἐκ τῶν ὄντων ἢ ἐκ τῶν μὴ ὄντων γίνεται· ἀλλ' εἰ μὲν ἐκ τῶν ὄντων, τῶν ὄντων μενόντων ἀεὶ καὶ ἡ ὕλη ἔστιν ἀεί· εἰ δὲ καὶ τὰ ὄντα φθείρεται, οὐ τὸν Κόσμον μόνον ἀλλὰ καὶ πάντα λέγουσι φθείρεσθαι. Εἰ δὲ ἐκ τῶν μὴ ὄντων ἡ ὕλη, πρῶτον μὲν ἀδύνατον ἐκ τῶν μὴ ὄντων εἶναί τι, εἰ δὲ καὶ τοῦτο γένοιτο καὶ δυνατὸν ἐκ τῶν μὴ ὄντων εἶναι τὴν ὕλην, ἕως ἂν ᾖ τὰ μὴ ὄντα ἔσται καὶ ἡ ὕλη, οὐ γὰρ δήποτε καὶ τὰ μὴ ὄντα ἀπόλλυται.

6 Εἰ δὲ ἀνείδεον λέγουσι μένειν τὴν ὕλην, πρῶτον μὲν διὰ τί οὐ κατὰ μέρη ἀλλ' ἐν ὅλῳ τοῦτο γίνεται τῷ Κόσμῳ ; Ἔπειτα οὐ τὸ εἶναι τῶν σωμάτων τὸ δὲ κάλλος φθείρουσι μόνον.

7 Ἔτι πᾶν τὸ φθειρόμενον ἢ ἀφ' ὧν ἐγένετο εἰς ἐκεῖνα λύεται, ἢ εἰς τὸ μὴ ὂν ἀφανίζεται. Ἀλλ' εἰ μὲν ἀφ' ὧν ἐγένετο εἰς ἐκεῖνα λυθείη, πάλιν γίνεται ἕτερα — διὰ τί γὰρ τὴν ἀρχὴν ἐγένετο ; — εἰ δὲ εἰς τὸ μὴ ὂν ἄπεισι τὰ ὄντα, τί κωλύει καὶ τὸν Θεὸν τοῦτο παθεῖν ; Εἰ δὲ ἡ δύναμις

éléments créateurs[1], ou bien disparaît dans le néant. Mais s'il se résout en ses éléments créateurs, à nouveau d'autres objets naissent[2] — car pourquoi a-t-il été créé au début ? — et si les êtres s'en vont dans le néant, quel empêchement y a-t-il que Dieu ne subisse ce sort[3] ? Or si sa puissance l'en empêche, il n'appartient pas à qui le peut de se préserver seul[4], et il est également impossible que du néant naisse l'être et que l'être disparaisse dans le néant[5].

8 De plus, c'est une nécessité que, s'il périt, le Monde périsse ou bien conformément à la nature ou contrairement à la nature[6]. Or ce qui est antinaturel n'est pas antérieur à la nature, et s'il périt contrairement à la nature, il faut qu'il en existe une autre qui change la nature du Monde[7] : ce qui n'apparaît pas.

9 Au surplus, tout ce qui périt par nature, nous aussi nous pouvons le faire périr ; or personne n'a jamais détruit ni changé le corps circulaire du Monde[8] : changer des éléments est possible, mais les détruire impossible.

10 Bien plus, à tout ce qui périt, le temps apporte changement et vieillesse[9] ; mais le Monde depuis tant d'années demeure immuable.

Et après avoir ainsi répondu à ceux qui demandent de plus solides démonstrations, nous prions le Monde lui-même de nous être favorable[10].

XVIII

1 Et vraiment l'existence de l'athéisme[11] en certaines régions de la terre[12], ainsi que l'éventualité de sa fréquente apparition dans l'avenir[13], ne vaut pas la peine que les gens sensés[14] s'en troublent. C'est que les Dieux n'en sont pas atteints, tout comme les dévotions se sont révélées inutiles à eux[15], d'un côté par suite de l'impuissance de l'âme, qui possède une essence moyenne, à toujours suivre la ligne droite, de l'autre par suite de l'impuissance du Monde entier à goûter également à la Providence des Dieux[16] ; **2** mais certaines zones y participent éternellement, d'autres pour un temps, et certaines en

κωλύει οὐκ ἔστι δυνατοῦ ἑαυτὸν μόνον σῴζειν, καὶ ὁμοίως δὲ ἀδύνατον ἐκ τῶν μὴ ὄντων γίνεσθαι τὰ ὄντα καὶ τὰ ὄντα εἰς τὸ μὴ ὂν ἀφανίζεσθαι.

8 Ἔτι ἀνάγκη τὸν Κόσμον, εἰ φθείρεται, ἢ κατὰ φύσιν φθείρεσθαι ἢ παρὰ φύσιν· οὐδὲ τὸ παρὰ φύσιν πρότερον ἔχει τῆς φύσεως, εἰ δὲ παρὰ φύσιν, δεῖ ἑτέραν εἶναι φύσιν τὴν μεταβάλλουσαν τοῦ Κόσμου τὴν φύσιν· ὅπερ οὐ φαίνεται.

9 Ἔτι, πᾶν τὸ φύσει φθειρόμενον, καὶ ἡμεῖς φθείρειν δυνάμεθα· τοῦ δὲ Κόσμου τὸ μὲν κυκλικὸν σῶμα οὔτε ἔφθειρέ τίς ποτε οὔτε μετέβαλε· τῶν δὲ στοιχείων μεταβάλλειν μὲν δυνατόν, φθείρειν δὲ ἀδύνατον.

10 Ἔτι πᾶν τὸ φθειρόμενον ὑπὸ χρόνου μεταβάλλεται καὶ γηρᾷ· ὁ δὲ Κόσμος ἐν τοσούτοις ἔτεσιν ἀμετάβλητος μένει.

Τοσαῦτα καὶ πρὸς τοὺς ἰσχυροτέρων ἀποδείξεων δεομένους εἰπόντες, αὐτὸν ἡμῖν εὐχόμεθα ἵλεων τὸν Κόσμον γένεσθαι.

XVIII

1 (κϛ′) Καὶ μὴν οὐδὲ τὸ ἀθεΐας περί τινας τόπους τῆς γῆς γενέσθαι πολλάκις δὲ ὕστερον ἔσεσθαι ἄξιον ταράττειν τοὺς ἔμφρονας. Ὅτι τε οὐκ εἰς Θεοὺς γίνεται ταῦτα, ὥσπερ οὐδὲ αἱ τιμαὶ ἐκείνους ὠφελοῦσαι ἐφάνησαν, καὶ διὰ τὸ ἀδυνατεῖν μέσης οὐσίας οὖσαν τὴν ψυχὴν ἀεὶ κατορθοῦν, καὶ τὸ μὴ δύνασθαι πάντα τὸν Κόσμον τῆς τῶν Θεῶν Προνοίας ἀπολαύειν ὁμοίως· 2 ἀλλὰ τὰ μὲν αἰωνίως, τὰ δὲ κατὰ χρόνον, καὶ τὰ μὲν πρώτως, τὰ δὲ δευτέρως μετέχειν ἐκείνης, ὥσπερ καὶ τῶν αἰσθήσεων πασῶν μὲν ἡ κεφαλή, μιᾶς δὲ ὅλον τὸ σῶμα αἰσθάνεται. (κζ′) Καὶ διὰ τοῦτο, ὡς ἔοικεν, οἱ τὰς ἑορτὰς καταστησάμενοι καὶ

première place, d'autres en seconde, de même qu'également toutes les sensations sont perçues par la tête, tandis que c'est une seule que le corps entier perçoit. Et c'est pourquoi, semble-t-il, ceux qui ont institué les fêtes ont aussi établi des Jours Maudits[1], pendant lesquels certains des temples auraient leurs offices suspendus, certains autres seraient fermés, et d'autres auraient leurs ornements enlevés[2], en expiation[3] pour la faiblesse de notre nature[4].

3 D'ailleurs il n'est pas invraisemblable que l'athéisme soit une forme de châtiment ; il est en effet raisonnable que ceux qui ont connu les Dieux et les ont méprisés[5] soient précisément privés de leur connaissance[6], dans une seconde vie[7] ; quant à ceux qui ont honoré leurs rois comme des Dieux[8], il fallait que la justice les frappât en les bannissant loin des Dieux mêmes[9].

XIX

1 Il ne faut pas s'étonner que le châtiment de ces fautes ou des autres n'accompagne pas immédiatement[10] les pécheurs : les Démons ne sont pas seuls à punir les âmes[11], mais c'est l'âme qui se livre elle-même au châtiment[12], et comme les âmes demeurent éternellement[13], il ne faudrait pas non plus qu'elles trouvent en peu de temps tous leurs châtiments ; il faut aussi que la vertu humaine existe[14]. Si les fautes étaient en effet immédiatement suivies des châtiments, ce serait par crainte que les hommes pratiqueraient la justice[15] et ils n'auraient pas de vertu.

2 Mais les âmes sont punies quand elles sont sorties du corps[16] : les unes en errant ici-bas[17], les autres dans les régions chaudes[18] ou froides de la terre[19], d'autres en étant tourmentées par les Démons[20]; et elles endurent toutes ces peines avec l'âme irrationnelle, avec laquelle d'ailleurs elles ont péché ; c'est par elle aussi que subsiste le corps ombreux[21] *(le fantôme)* que nous voyons autour des tombeaux, et surtout des tombeaux de ceux qui ont mal vécu.

Ἀποφράδας ἐποίησαν, ἐν αἷς τὰ μὲν ἤργει τῶν ἱερῶν, τὰ δὲ ἐκλείετο, τῶν δὲ καὶ τὸν κόσμον ἀφῄρουν, πρός τὴν ἀσθένειαν τῆς ἡμετέρας ἀφοσιούμενοι φύσεως.

3 Καὶ κολάσεως δὲ εἶδος εἶναι ἀθεΐαν οὐκ ἀπεικός· τοὺς γὰρ γνόντας Θεοὺς καὶ καταφρονήσαντας εὔλογον ἐν ἑτέρῳ βίῳ καὶ τῆς γνώσεως στέρεσθαι· καὶ τοὺς ἑαυτῶν βασιλέας ὡς Θεοὺς τιμήσαντας ἔδει τὴν δίκην αὐτῶν ποιῆσαι τῶν Θεῶν ἐκπεσεῖν.

XIX

1 (κη′) Εἰ δὲ μηδὲ τούτων μηδὲ τῶν ἄλλων ἁμαρτημάτων εὐθὺς αἱ δίκαι τοῖς ἁμαρτήσασιν ἕπονται θαυμάζειν οὐ δεῖ, ὅτι τε οὐ Δαίμονές εἰσι μόνον οἱ κολάζοντες τὰς ψυχάς, ἀλλὰ καὶ αὐτὴ ἑαυτὴν ὑπάγει τῇ δίκῃ· καὶ ὅτι μένουσι τὸν ἅπαντα χρόνον, οὐκ ἐχρῆν ἐν ὀλίγῳ πάντων τυχεῖν· καὶ διὰ τὸ δεῖν ἀνθρωπίνην ἀρετὴν εἶναι. Εἰ γὰρ τοῖς ἁμαρτήσασιν εὐθὺς ἠκολούθουν αἱ δίκαι, φόβῳ δικαιοπραγοῦντες ἄνθρωποι ἀρετὴν οὐκ ἂν εἶχον.

2 (κθ′) Κολάζονται δὲ τοῦ σώματος ἐξελθοῦσαι· αἱ μὲν ἐνταῦθα πλανώμεναι, αἱ δὲ εἴς τινας τόπους τῆς γῆς θερμοὺς ἢ ψυχρούς, αἱ δὲ ὑπὸ Δαιμόνων ταραττόμεναι· πάντα δὲ μετὰ τῆς ἀλόγου ὑπομένουσι, μεθ' ἧσπερ καὶ ἥμαρτον· δι' ἣν καὶ τὸ σκιοειδὲς σῶμα ὑφίσταται ὃ περὶ τοὺς τάφους καὶ μάλιστα τῶν κακῶς ζησάντων ὁρᾶται.

XX

1 Quant aux métempsychoses[1], si elles se produisent dans des êtres raisonnables, les âmes deviennent celles-là mêmes des corps où elles passent, mais si c'est dans des êtres privés de raison[2] *(les animaux)*, les âmes accompagnent les corps du dehors, tout comme les Démons à qui nous avons été attribués nous accompagnent[3] : jamais en effet une âme raisonnable ne pourrait devenir celle d'un être privé de raison[4].

2 Mais on peut observer la métempsychose d'après les affections congénitales[5] — car pourquoi les uns viennent-ils au monde aveugles, les autres infirmes[6], d'autres avec l'âme même malade ? — et d'après le fait que, les âmes ayant par nature l'exercice de leurs fonctions dans le corps, il ne faut pas qu'une fois sorties du corps elles demeurent éternellement dans l'inaction[7]. **3** En effet, si les âmes ne passaient à nouveau dans des corps, il faudrait nécessairement qu'elles soient en nombre infini ou que Dieu en créât toujours d'autres[8] ; or il n'y a rien d'infini dans le Monde — car l'infini ne peut exister dans le fini[9] —, et la création d'autres âmes n'est pas non plus possible — car il faut que toute œuvre où naît quelque chose de nouveau soit aussi nécessairement imparfaite[10] — ; mais le Monde qui tire son existence de ce qui est parfait[11] se doit d'être parfait[12].

XXI

1 Les âmes qui ont vécu[13] selon la Vertu[14], heureuses[15] entre autres choses de leur séparation d'avec l'âme irrationnelle et purifiées[16] de tout corps, communient avec les Dieux[17] et administrent avec eux l'ensemble du Monde[18]. **2** Cependant, même si rien de pareil ne leur arrivait[19], la Vertu elle-même[20], le plaisir et la gloire venant de la Vertu, la vie affranchie de la peine et de la servitude[21] suffiraient à rendre heureux ceux qui ont choisi de vivre conformément à la Vertu, et qui l'ont pu.

XX

1 (λʹ) Αἱ δὲ μετεμψυχώσεις εἰ μὲν εἰς λογικὰ γένοιντο, αὐτὸ τοῦτο ψυχαὶ γίνονται τῶν σωμάτων, εἰ δὲ εἰς ἄλογα, ἔξωθεν ἕπονται, ὥσπερ καὶ ἡμῖν οἱ εἰληχότες ἡμᾶς Δαίμονες· οὐ γὰρ μήποτε λογικὴ ἀλόγου ψυχὴ γένοιτο.

2 (λαʹ) Τὴν δὲ μετεμψύχωσιν ἐκ τῶν ἐκ γενετῆς παθῶν ἔστιν ἰδεῖν — διὰ τί γὰρ οἱ μὲν τυφλοί, οἱ δὲ παρειμένοι, οἱ δὲ καὶ αὐτὴν τὴν ψυχὴν κακῶς ἔχοντες τίκτονται; — καὶ ἐκ τῆς φύσεως ἐχούσας ἐν σώματι πολιτεύεσθαι τὰς ψυχὰς μὴ δεῖν ἅπαξ ἐξελθούσας τὸν ἅπαντα αἰῶνα μένειν ἐν ἀργίᾳ. 3 Εἰ γὰρ μὴ πάλιν αἱ ψυχαὶ εἰς σώματα φέροιντο, ἀνάγκη ἀπείρους εἶναι ἢ τὸν Θεὸν ἀεὶ ἑτέρας ποιεῖν· ἀλλ' οὐδὲ ἄπειρόν τι ἐν τῷ Κόσμῳ — ἐν γὰρ πεπερασμένῳ ἄπειρόν τι οὐκ ἂν γένοιτο —, οὐδὲ ἄλλας γίνεσθαι δυνατόν — πᾶν γὰρ ἐν ᾧ τι γίνεται καινὸν καὶ ἀτελὲς εἶναι ἀνάγκη —· τὸν δὲ Κόσμον ἐκ τελείου γενόμενον τέλειον εἶναι προσήκει.

XXI

1 (λβʹ) Αἱ δὲ κατ' Ἀρετὴν ζήσασαι ψυχαὶ τά τε ἄλλα εὐδαιμονοῦσαι καὶ τῆς ἀλόγου χωρισθεῖσαι καὶ καθαραὶ παντὸς γενόμεναι σώματος Θεοῖς τε συνάπτονται, καὶ τὸν ὅλον Κόσμον συνδιοικοῦσιν ἐκείνοις. 2 Καίτοι καὶ εἰ μηδὲν αὐταῖς τούτων ἐγίνετο, αὐτή γε ἡ Ἀρετὴ καὶ ἡ ἐκ τῆς Ἀρετῆς ἡδονή τε καὶ δόξα ὅ τε ἄλυπος καὶ ἀδέσποτος βίος εὐδαίμονας ἤρκει ποιεῖν τοὺς κατ' Ἀρετὴν ζῆν προελομένους καὶ δυνηθέντας.

XX **2** 4 τῆς Naudé : τοῦ codd. || 5 ἐξελθούσας Mullach : ἐλθούσας codd. || **3** 3 οὐδὲ Naudé : οὐδὲν codd.

NOTES COMPLÉMENTAIRES

Page 4.

1. Sur les qualités exigées du disciple, cf. Platon, *République*, V, 475 D à 480 A ; Plotin, *Ennéades*, III, 3 et Proclus, *Théologie platonicienne*, I, 2.

2. Même obligation dans Jamblique, *Sur les mystères*, I, 3.

3. Platon avait interdit, dans l'éducation des gardiens de l'État, le recours aux théories insensées et aux sottes affabulations ; cf. *République*, II, 377 ABC.

4. Cf. Albinos, *Introduction à Platon*, 1 et Proclus, *Théologie platonicienne*, I, 2.

5. Premier aspect de la théorie de l'imitation rattachée au dogme de l'émanation et de la sympathie universelle des êtres et des choses, qui sera repris au chapitre III, 2, 2. Julien, *Discours sur Hélios-Roi*, 133 A, avait rappelé cette doctrine de Platon, *République*, VI, 508 C, pour qui « le Soleil a été créé par le bien à sa propre ressemblance ».

6. Cf. Jamblique, *Sur les mystères*, IV, 6 ; Eusèbe, *Préparation évangélique*, II, 6 et Proclus, *Théologie platonicienne*, I, 17.

7. La doctrine électique ici professée repose sur les notions premières admises par toutes les écoles qui en font les prémisses d'une théodicée rationnelle.

8. A la bonté de Dieu (cf. Proclus, *Théologie platonicienne*, I, 17) Saloustios joint l'apathie stoïcienne, qui exclut jalousie et passion divines : Thucydide croyait lui aussi en un esprit ordonnateur du Monde auquel il attribuait, comme Saloustios, la faculté d'exprimer sa volonté par des oracles et des présages ; quant à l'immuabilité de Dieu, cf. Timée de Locres, *Sur l'âme du Monde* 98 c.

9. Cette opposition sera reprise au chapitre VII, 1, 3.

10. Postérieurement à Saloustios, Proclus étendit ces considérations sur la nature des enseignements théologiques dans sa *Théologie platonicienne*, I, 4 et son *Commentaire sur le Cratyle*, 117.

11. Les Dieux, en effet, ne sont pas « inventés » par l'esprit humain, mais existent de toute éternité ; ils ont en eux une puissance efficiente, contrairement à l'assertion faussement antique de La Fontaine, *Fables*, IX, 6, vers 19-20. Cf. Proclus, *Institution*

théologique, sentence 120, dans la *Théologie platonicienne*, édition de Hambourg, p. 466.

12. Cf. Proclus, *Théologie platonicienne*, I, 19, Même idée reprise au chapitre XIII, 3, 5 à 7.

13. Cette définition de Jamblique, *Sur les mystères*, I, 8-III, 17, sera reprise par Proclus, *Théologie platonicienne*, I, 19, avant de l'être par la philosophie scholastique.

Page 5.

1. Un rappel des causes de l'emploi des mythes dès les temps anciens sera donné par Proclus, *Théologie platonicienne*, I, 4 et *Commentaire V sur la République*, p. 369 ; Eusèbe, *Préparation évangélique*, III, 7, avait également mentionné cet usage.

2. Le chapitre XX, 2, 6 reprendra cet effort de Saloustios destiné à éviter toute forme d'inaction intellectuelle.

3. Entre autres poètes : Homère, Hésiode, Orphée et Lycophron.

4. Pour les pré-Socratiques : Empédocle, Héraclite, Phérécyde et Parménide ; et parmi les disciples de Socrate, en premier lieu, le « divin Platon » (cf. Julien, *Discours sur Hélios-Roi*, 133 A).

5. Parmi eux Orphée, Mélampous et Triptolème. Les mystères satisfaisant les âmes pieuses comblèrent les besoins de leur sensibilité, de leur raison et de leur conscience en présentant une exégèse allégorique des mythes. Cf. Julien, *Discours sur Hélios-Roi*, 148 B.

6. Déjà Hérodote, *Histoires*, VI, 86, γ, en avait donné un exemple.

7. Thème déjà esquissé au chapitre I, 1, 4 et qui sera repris deux fois : chapitres XIV, 2, 1-2, et XV, 2, 3, donnant alors des exemples de cette sympathie imitative, corollaire du dogme de l'émanation.

8. Cette faveur divine accordée à ceux qui interprètent les mythes justifie l'invocation finale du chapitre IV, 11, 7-8.

9. L'initié ne doit pas révéler tout ce qu'il sait, mais respecter les consignes les plus étroites de discrétion. Seuls certains rites peuvent être expliqués ; Hérodote recourt aux mêmes précautions que Saloustios ici, quand il s'écrie (*Histoires*, II, 51) : « Quiconque est initié aux mystères des Cabires sait ce que je veux dire. » On se rappelle d'autre part les châtiments qui frappaient les profanateurs du secret des mystères ; Apulée, *Métamorphoses*, XI, rappelle de semblables interdictions dans le culte d'Isis. De même la formule d'engagement « par Celui qui a donné à nos âmes la Tétraktys », que prononçaient les pythagoriciens jurant de ne point révéler les secrets qui leur seraient confiés.

10. Cf. Macrobe, *Sur le songe de Scipion*, I, 2; Jamblique, *Sur les mystères*, VII, 1, et Julien, *Discours sur la Mère des Dieux*, 161 CD.

Page 6.

1. Ce mot peut viser plus ou moins les Chrétiens, ceux-ci paraissant à l'empereur Julien souffrir d'une « maladie de l'intel-

ligence » (cf. Julien, *Lettres*, 424 AB). Il semble pourtant qu'ici l'adjectif puisse être pris dans l'acception plus générale « d'hommes sots, non formés par les principes de la philosophie », ceux que Sénèque nommait les « *stulti* ».

2. Cf. Jamblique, *Sur les mystères*, III, 15. L'exégèse allégorique connut une grande faveur au IVᵉ siècle, même chez l'austère saint Jérôme ; pour sa part Julien estime qu'elle permet d'atteindre la vérité cachée, et il donne maint exemple d'interprétations en ce sens. — Cf. *Discours sur la Mère des Dieux*, 169-170, ainsi que le *Discours contre Héracleios le cynique*, 206 C, 220 A, et *les Césars*, 306 C.

3. Xénophane s'était indigné du caractère scandaleux des mœurs prêtées aux Dieux ; Héracleios le cynique en avait fait autant devant Saloustios et Julien, en conférence publique (cf. Julien, *Discours contre Héracleios le cynique*, 204 C, 208 AB). Les mythes incriminés comprenaient entre autres ceux de la naissance illégitime d'Héraclès, des Dioscures, etc...

4. Par exemple, le vol des bœufs d'Apollon par le jeune Hermès (cf. *Hymne homérique à Hermès*), mais il s'agit surtout d'enlèvements de femmes : Europe, Hélène, etc..

5. Saint Basile s'éleva aussi contre la rébellion de Zeus et la mise aux fers de Cronos, qu'il plaçait au premier rang des exemples d'immoralité du paganisme (cf. *Sur les lettres helléniques*, IV, 1 23-24 de l'édition F. Boulenger).

6. Reprenant la condamnation de saint Basile, Eusèbe passa en revue l'ensemble des fables antiques contraires aux principes de la morale et auxquelles il reprochait leur extravagance (cf. *Préparation évangélique*, XIII, 5).

7. Saloustios ne s'adresse pas à des enfants : son lecteur doit être capable de discerner, sous l'aspect déconcertant des mythes « qui troublent les âmes jeunes et tendres » (Platon, *République*, 378 D), le sens profond de l'allégorie en écartant le « voile » qui le cache aux yeux des profanes. Cf. Julien, *Discours contre Héracleios le cynique*, 217 C et 222 C.

8. Pour la mystique orientale, l'importance du mythe réside dans le récit concret d'un fait ou d'un processus spirituel ayant sa source dans les profondeurs de l'être du Monde.

9. Cf. Macrobe, *Saturnales*, 1, 8.

10. Plotin, *Ennéades*, V, I, 7, ayant proclamé que « tout procède de Dieu et se retourne vers Lui », est à l'origine de cette remarque de Saloustios, laquelle à son tour fut reprise directement par Proclus, *Théologie platonicienne*, V, 37.

11. Exemple d'étymologie populaire étendue à une conception mythologique, tout comme au chapitre IX, 4, 3 à 5, pour l'explication de Εἱμαρμένη par εἱρμός.

12. Cf. Macrobe, *Saturnales*, I, 13.

13. Platon présenta dans le mythe de la naissance d'Éros fils d'Expédient et de Pauvreté (*Banquet*, 23, expliqué par Plotin, *Ennéades*, III, VI, 9) un exemple et une interprétation de cette catégorie de mythes.

14. Même critique des croyances égyptiennes par Eusèbe, *Prépa-*

ration évangélique, I, 9 — II, 12 et V, 3, ainsi que par Macrobe, *Saturnales*, I, 21.

15. Les mythes d'Isis, d'Osiris et de Typhon furent spécialement étudiés par Plutarque, qui leur consacra un ouvrage, *Sur Isis*. On peut assimiler « matériellement » Isis à la terre de l'Égypte entière, Osiris à l'eau fécondante du Nil, et Typhon à la chaleur brûlante du vent du désert.

16. Interprétation retrouvée dans Cornutus, *Sur la nature des Dieux*, 28.

17. Comparaison tirée de Jamblique, *Sur les mystères*, V, 23.

Page 7.

1. Il ne semble pas que l'on doive « attendre » le superlatif, comme l'a pensé A.-D. Nock (p. 6) sans toutefois adopter sa conjecture : il ne s'agit pas en effet qu'Aphrodite soit « la plus belle », mais il suffit qu'elle soit jugée « belle » pour recevoir le prix, ce qui implique que ses concurrentes soient d'une beauté indifférente ou banale, aux yeux du royal et séduisant arbitre.

2. L'exégèse allégorique, dont ce chapitre donne d'abondants exemples, était à l'honneur également dans la littérature chrétienne. Ainsi le *Commentaire sur les neuf cantiques de la liturgie*, par Verecundus — édité par Pitra dans le *Spicilegium Solesmense*, t. IV, Paris, 1858, p. 1-131 — présente une interprétation surtout allégorique que Fulgence de Rupse, *Virgiliana continentia*, étendit à l'exégèse de l'*Énéide ;* même à l'époque moderne, l'explication des mythes d'Athéna, d'Héphaistos et Prométhée par Louis Ménard *(Le banquet d'Alexandrie)* relève de cette méthode d'herméneutique.

3. Tels sont en particulier les mythes utilisés par Platon dans *Phèdre*, 27 et dans la *République*, II, 379 A à E, et que reprit Proclus, *Théologie platonicienne*, I, 4.

4. Héraclite le Rhéteur étudia ce genre de mythes dans ses *Allégories homériques ;* ils furent cependant condamnés par Eusèbe, *Préparation évangélique*, III, 3 et saint Augustin, *Cité de Dieu*, VI, 8.

5. Cf. Jamblique, *Sur les mystères*, V, 23.

6. Cette exégèse du mythe d'Attis et de Cybèle reprend celle que Julien donna dans son *Discours sur la Mère des Dieux* (161 C à 176 A) et qui lui est strictement personnelle (161 C). Ce n'est plus l'explication naturaliste de Porphyre (Julien, *ibid.*, 161 C) : Attis représente pour l'Autocrator le principe créateur des êtres mortels, la création du Monde intelligible étant l'œuvre du Dieu suprême.

7. A en croire Ovide, *Fastes*, IV, 364-365, quiconque avait bu de l'eau du Gallos devenait fou.

8. Cf. Julien. *Discours sur la Mère des Dieux*, 165 B.

9. Cette nymphe se serait nommée « Jam », d'après Valerius Pontifex cité par Arnobe, *Contre les Nations*, V, 7 ; pour Ovide, elle aurait porté le nom de Sagaritis (*Fastes*, IV, 229).

10. Ce ne sont pas précisément les testicules, lesquels désignent les « glandes » viriles plus que leur fonction génitale ; le mot

employé par Saloustios marque la différence entre l'organe pris comme tel et la fonction qu'il représente. On doit donc donner à cet ensemble générateur glandulaire le nom de « gonades », biologiquement et étymologiquement satisfaisant. Voir E. Gley, *Traité élémentaire de physiologie*, 11ᵉ éd., Paris, Baillière, 1947, p. 579.

11. Dans le système néoplatonicien, au-dessus de la sphère des sept planètes et de celle des étoiles se trouve le ciel des intelligences divines, et enfin le domaine des idées pures que conçoit Cybèle, dans le système de Julien. Les idées se manifestant dans une intelligence qui les contemple, Cybèle engendre les Dieux intellectuels qui produisent à leur tour ceux du Monde visible.

12. Non au sens de Shiva qui crée le Monde pendant son sommeil et le détruit à chaque réveil cyclique ; mais Attis crée les êtres mortels soumis au devenir et à la mort. Cf. Eusèbe, *Préparation évangélique*, III, 11.

13. De nouveau un jeu étymologique permet le rapporchement, dont la source est Julien, *Discours sur la Mère des Dieux*, 165 C. Pour l'explication de cette croyance, cf. Macrobe, *Sur le songe de Scipion*, 1, 12 ; image reprise par Sully-Prudhomme, *La voie lactée*, « Étoiles, aïeules des créatures et des Dieux ».

14. Même définition dans Julien, *Discours sur la Mère des Dieux*, 165 C, reprise par Louis Ménard, *Le banquet d'Alexandrie*, « l'ivresse du désir a fait descendre les âmes de la voie lactée ».

Page 8.

1. Platon, dans le *Philèbe*, avait jeté les bases de cette doctrine de l'émanation (cf. Proclus, *Théologie platonicienne*, III, 7). Ce dogme néoplatonicien fut repris par les Chrétiens : la diversité des interprétations possibles et les influences interdoctrinales sont à l'origine de la gnose valentinienne.

2. Cette coiffure n'est pas une tiare mais un bonnet de laine orné de paillettes en forme d'étoiles, destinées à rappeler le rôle de la galaxie dans la création des êtres.

3. Sentence d'Héraclite reprise par Plotin, *Ennéades*, II, I, 2.

4. L'anathème avait déjà été lancé par les Manichéens contre la procréation, mais Julien — *Discours sur la Mère des Dieux*, 167 BC et 168 BC — interpréta autrement le sens de la mutilation d'Attis : le lion associé au Soleil-Roi représente la force ascensionnelle du feu qui empêche, par l'arrêt des procréations d'Attis, la continuation de la chute de l'intelligible dans la matière, l'élément divin rentrant alors en lui-même.

5. Héraclès fournit aussi une illustration de cette remarque, lorsque Julien compare sa valeur une fois « retiré dans le sein de son Père » à celle qu'il avait lorsqu'il « descendait vers le pire » (cf. *Discours sur la Mère des Dieux*, 167 A).

6. Pour l'influence de la Lune sur le Monde créé ici par l'œuvre d'Attis, voir Julien, *Discours sur la Mère des Dieux*, 167 D, et pour son rôle d'ordonnatrice du Monde « placé au-dessous d'elle », voir *Discours sur Hélios-Roi*, 150 A.

7. Cf. Cornutus, *De la nature des Dieux*, 6.

8. Pour Julien également, les banquets réunissant les Dieux

sur l'Olympe, les exploits amoureux de Zeus et les épreuves mystiques de Déméter n'ont jamais eu d'existence que dans l'imagination des poètes : ce ne sont que les symboles d'une réalité transcendante, inaccessible aux non-initiés et à la foule vulgaire (cf. *Discours sur la Mère des Dieux*, 170 A).

9. Allusion discrète à la composition du microcosme à l'image du macrocosme dont il reproduit, par émanation, chacun des éléments. Cf. Aristote, *Physique*, VIII, 2 et Galien, *Des fonctions des organes*, III, 17.

10. Rapprochement étymologique (Κόσμος-κοσμέομαι) de l'ordre intérieur qui règle les opérations du microcosme et des lois immuables du Monde.

11. Cf. Julien, *Discours sur la Mère des Dieux*, 169 B.

12. De même qu'ici les âmes choient de l'intelligible dans la matière, de même (chapitre XXI, 1, 2-3) elles remontent vers les Dieux, une fois libérées de l'enveloppe du corps et purifiées.

13. Cf. Cornutus, *De la nature des Dieux*, 28.

14. Déjà, dans les *Vers d'or* de Pythagore, on avait pu lire : « Évite la nourriture que nous avons indiquée dans les livres *Purifications* et *Délivrance de l'âme* » (G. Méautis, *Le livre de la sagesse pythagoricienne*, Paris, Dorbon aîné, 1938, p. 43). A rapprocher de cette obligation rituelle de l'abstinence et du jeûne le fait que les Chrétiens avaient renoncé à établir une distinction entre les aliments purs et impurs (cf. Julien, *Contre les Galiléens*, éd. Neumann, p. 220).

15. Sur l'excision du pin, cf. Julien, *Discours sur la Mère des Dieux*, 168 C et 169 AB.

16. Sur ces fêtes joyeuses de la remontée des âmes, cf. Julien, *Discours sur la Mère des Dieux*, 168 D, et Macrobe, *Saturnales*, I, 21 ; les « Hilaria » furent plus tard interdites après le règne d'Eugène — 392-394 (Voir à ce propos Baehrens, *Poetae latini minores*, III, 290 et suiv., et Gothofred, *Ad codicem Theodosianum*, XVI, 10, 12). Quant à leur date, cf. Jean Lydus, *a.d. II Kal. apr.*, mais Macrobe la situe autrement (*Saturnales*, I, 22), « *a.d. VIII Kal. apr.* », c'est-à-dire le 25 mars.

17. Cf. Arnobe, *Contre les nations*, V, 16.

18. Les fêtes d'Attis débutaient à l'aube du 22 mars pour s'achever le 25, date à laquelle on croyait que « les jours commencent à devenir plus longs que les nuits ».

19. Le rapt de Coré se rattache à la célébration des Grands Mystères d'Éleusis, qui débutaient le 20 boédromion par la représentation de cette scène.

20. La « descente des âmes » était représentée à Éleusis dans la nuit du 21 au 22 boédromion par la hiérogamie qui devait permettre l'incarnation d'une âme, grâce à l'union mystique du hiérophante et de la prêtresse, figurant celle de Zeus et de Déméter. Eusèbe rappelle à ce propos que Porphyre voyait cette descente des âmes symbolisée par le dépôt d'une semence de blé dans la terre mère du grain (*Préparation évangélique*, III, 11).

21. Saloustios termine son développement par une invocation à ceux qui ont guidé son exégèse ; la fin du chapitre XVII en

présente également une. Outre que Julien achève souvent par une prière ses œuvres de longue haleine (cf. *Discours sur Hélios-Roi*, 158 BC — *Discours sur la Mère des Dieux*, 179 D à 180 C — *Consolation à lui-même sur le départ de l'excellent Saloustios*, 252 CD, etc.), il lui arrive d'insérer dans le corps d'un ouvrage un appel aux Dieux (cf. *Misopogon*, 366 B). Cet usage n'est pas isolé dans la littérature grecque : cf. Hérodote, II, 45.

Page 9.

1. Les quatre chapitres précédents ayant fourni une introduction à son ouvrage, Saloustios annonce ici l'ordre des matières qu'il va traiter désormais. Des chapitres V à XII inclus, il exposera les dogmes essentiels que tout fidèle doit connaître. (Voir ci-dessus p. XXIX et XXX) : la troisième partie abordera la réfutation des objections.

2. Si de mauvais gouvernements contribuent à engendrer le vice chez les individus (allusion directe à l'actualité encore très récente de la corruption sous le règne de Constance), inversement de la dépravation des âmes naît un régime néfaste ; cette conception des influences réciproques du caractère de l'âme individuelle sur la nature du gouvernement dépend de la division tripartite de l'âme (voir chapitre XI).

3. Saloustios n'est pas un philosophe de profession, et ses lecteurs ne sont pas des étudiants. Il s'adresse donc avec la largeur de vues d'un grand seigneur à des lecteurs éclairés, mais insuffisamment instruits en philosophie. Présentant un rappel des connaissances fondamentales de la pensée « hellène », il renvoie qui désire plus de détails aux ouvrages spécialisés qui approfondiront les problèmes simplement abordés dans son traité (cf. chapitre VI, 1, 5).

4. Cf. Plotin, *Ennéades*, V, IV, 1, Proclus, *Théologie platonicienne*, II, Pseudo-Denys l'Aréopagite, *Des noms divins*, 23. Pour une conception similaire de la cause première chez les Égyptiens, cf. Jamblique, *Sur les mystères*, VIII, 2.

5. Plotin avait déjà exprimé cette idée (*Ennéades*, V, III, 12), mais Julien (*Discours sur la Mère des Dieux*, 166 B à 167 D) étendit et renouvela le rôle de la μονάς, quand il montra Cybèle engageant Attis à ne pas dégrader sa concentration dans l'Unité par un contact avec les formes, inférieures, de la Multiplicité.

6. Cf. Proclus, *Institution théologique*, 213.

7. Conception de « l'essence » étendue par Proclus, *Théologie platonicienne*, III, 9.

8. Plotin (*Ennéades*, VI, IX, 3) est ici la source de Saloustios, que reprirent Proclus, *Théologie platonicienne*, II, 4 et Synésius, *Hymnes*, I, 62, 67.

9. Cf. Plotin, *Ennéades*, VI, VII, 23, suivi aussi par Proclus (*Institution théologique*, 12 — *Théologie platonicienne*, I, 18 et *Commentaire 36 sur le Timée*).

10. L'oubli de soi-même dans un combat où le sort d'êtres chers est engagé avait été rappelé par Platon (*République*, V, 467 B). Tacite (*Germanie*, 7) remarqua aussi que « la présence des objets

de la tendresse » des Germains au cours des combats était le « principal aiguillon de leur courage ».

11. Cf. Plotin, *Ennéades*, VI, VIII, 8 et Arnobe, *Contre les Nations*, I, 31.

12. La distinction entre les Dieux encosmiques et les Dieux hypercosmiques était connue déjà de Maxime de Tyr (*Dissertations*, XI, 12) ; Synésius (*Hymnes*, II, 381 B) et Proclus (*Sur l'Alcibiade de Platon*, 68 C) la reprirent. Platon ayant distingué en outre les Θεοὶ νοητοί des Θεοὶ νοεροί, cette catégorie divine se retrouve chez Julien (*Discours sur Hélios-Roi*, 133 B) que, par besoin de clarté, Saloustios ne suit pas ici — se contentant du classement présenté par Jamblique, *Sur les mystères*, VIII, 8.

13. La définition de chaque catégorie divine est donnée comme propre à Saloustios ; mais si les termes sont de lui, la doctrine appartient au fond du néoplatonisme.

Page 10.

1. Aux trois classes des Dieux hypercosmiques correspondront les quatre classes de Dieux encosmiques. Pour la première catégorie divine, cf. Jamblique, *Sur les mystères*, II, 7 ; Proclus conservera cette division (*Théologie platonicienne*, VI, 21).

2. La répartition des Dieux encosmiques en quatre classes est destinée à être intégrée au nouveau programme religieux de l'Empereur : la hiérarchie céleste est ainsi fondée sur des règles rationnelles (douze Dieux groupés en quatre classes présentant chacune trois modes) qui ne concordent pas avec la tradition antérieure qui connaissait cinq classes, et que rappellera Proclus dans son *Commentaire sur le Timée*, p. 51 : Θεοὶ φρουρητικοί, δημιουργικοί, ἀναγωγοί, συνεκτικοί, τελεσιουργοί.

3. Cette classification sera reproduite par Proclus, *Théologie platonicienne*, VI, 22.

4. Cf. Proclus, *Théologie platonicienne*, VI, 9 et 10.

5. Cf. Proclus, *Théologie platonicienne*, VI, 22 et Cornutus, *De la nature des Dieux*, 19.

6. Cf. Proclus, *Théologie platonicienne*, VI, 11.

7. Cf. Proclus, *Théologie platonicienne*, VI, 11.

8. Cf. Proclus, *Théologie platonicienne*, VI, 17.

9. Cf. Proclus, *Théologie platonicienne*, VI, 22.

10. Cf. Proclus, *Commentaire sur le Cratyle*, 174, 176-177 et Cornutus, *De la nature des Dieux*, 32.

11. Cf. Proclus, *Commentaire sur le Cratyle*, 184.

12. Cf. Cornutus, *De la nature des Dieux*, 16.

13. Cf. Proclus, *Théologie platonicienne*, VI, 22 et Cornutus, *De la nature des Dieux*, 28.

14. Cf. Proclus, *Commentaire sur le Cratyle*, 184 et 185, ainsi que Cornutus, *De la nature des Dieux*, 20.

15. Cf. Cornutus, *De la nature des Dieux*, 21.

16. Une statue d'Apollon citharède, en ivoire, œuvre de Bryaxis, ornait le Temple de Daphné. Cette image du Dieu semble avoir servi de point de départ à l'interprétation donnée par Saloustios ; on sait d'autre part qu'elle disparut dans l'incendie du temple,

la nuit du 22 au 23 octobre 362 (cf. Ammien Marcellin, *Histoire*, XXII, 13, 1, Julien, *Misopogon*, 361 BC et Philostorge, *Histoire de l'Église*, éd. J. Bidez, p. 93, 13 et suiv.). Cornutus, *De la nature des Dieux*, 32, donne une explication semblable du sens à donner à la statue.

17. Cf. Platon. *Cratyle*, éd. Estienne, p. 316. Saloustios ne rappelle les représentations figurées que de Dieux harmonisateurs ou protecteurs du Monde, laissant au lecteur le soin d'illustrer de la même manière les créateurs et les animateurs du cosmos. Des trois Dieux de chaque classe dont il évoque l'image, il ne choisit qu'un seul pour en donner une vision sculpturale : Apollon parmi ceux qui créent l'harmonie, et Athéna parmi les puissances protectrices. En troisième lieu, il donne l'interprétation complète de l'aspect symbolique d'une seule divinité : Aphrodite ; on la représente nue parce que l'harmonie (dont elle est la Déesse) crée la beauté et que celle-ci est visible directement (sans voiles). Il ne « manque » donc rien à ce développement, contrairement à ce que croyait Wendland suivi par Nock, ni à propos d'Athéna ni à propos d'Apollon : en particulier, des détails sur ce dernier rompraient l'équilibre, donnant l'interprétation des statues de deux harmonisateurs pour celle d'une seule Déesse protectrice. Au contraire, Saloustios veut donner simplement un schème d'exégèse à son lecteur, à qui il appartiendra d'étendre sur ce modèle l'explication symbolique à d'autres statues divines, la concision de ce passage étant imposée par le genre même de l'ouvrage du Préfet d'Orient.

18. Cf. Proclus, *Théologie platonicienne*, I, 25.

19. Cf. Proclus, *Commentaire sur le Cratyle*, 184.

20. Cf. Cornutus (*De la nature des Dieux*, 33) fait d'Asclépios le fils d'Apollon.

21. Cf. Pindare, *Péans*, VI, 3, *Pythiques*, VI, 1 et Sénèque, *Des bienfaits*, I, 3, 9.

22. Cf. Ovide, *Fastes*, VI, v. 299.

23. Cf. Cornutus, *De la nature des Dieux*, 3, et Aristote, *Des météores*, 354 B.

24. Cf. Proclus, *Commentaire sur le Cratyle*, 174, 176, 177.

25. La Déesse de la chasse se vit attribuer la lune comme « sphère » par l'assimilation du croissant de la planète avec un arc.

26. Proclus (*Commentaire sur le Cratyle*, 166) rappellera qu'Orphée avait assimilé Déméter à Rhéa-Cybèle, épouse de Cronos, lequel ne faisant pas partie des Dieux encosmiques se trouvait ainsi remplacé par la Grande Mère, dans le système présenté par Saloustios.

27. Cf. Zénon, d'après Diogène Laërce, *Vies et doctrines des philosophes*, VII, 147, et Cornutus, *De la nature des Dieux*, 20.

28. Ces mythes furent en effet exposés par les philosophes et chantés par les poètes.

29. Ce monde « increé », tout comme les Dieux eux-mêmes (voir ci-dessus, II, 1, 2-3) n'est pas un concept surprenant ici, quand on remarque que le cosmos est un Dieu à qui l'on peut adresser des prières (cf. chapitre XVII, 10, 5), et quand on songe que les

néoplatoniciens croyaient en outre à l'éternité du Monde (cf. Philon, *De l'incorruptibilité du Monde*).

Page 11.

1. Argument tiré de Philon *(De l'incorruptibilité du Monde)* qui avait déjà été utilisé ci-dessus (chapitre I, 2, 4-6).

2. Le mot ἀκοσμία, que je traduis par « chaos » est, en soi, l'absence d'ordre, d'organisation rationnelle, de κόσμος. C'est ici le premier emploi du substantif en ce sens, qui sera repris par Damascius dans ses *Doutes et solutions relatifs aux principes premiers*, 205.

3. Après la réduction par l'absurde des deux hypothèses précédentes — l'éventualité de la création d'un autre Monde, ou pire ou meilleur, excluant la bonté ou la puissance de Dieu n'est pas concevable (voir chapitre XII, 3, 1 à 5) —, il restait une troisième possibilité, celle qui supposait l'apparition d'un chaos ; outre ce qu'une telle évocation présente d'irrationnel — elle impliquerait encore une forme d'ordre pour organiser le désordre — elle serait d'une impiété majeure à l'égard d'un Monde divin (cf. Julien, *Discours sur Hélios-Roi*, 132 C), que l'on doit honorer par des prières (voir ci-dessous, chapitre XVII, 10, 5).

4. Ce dogme de l'éternité et de l'incréation du Monde provoqua la réplique de Jean Philopon à la sixième preuve de l'Éternité du Monde qu'avait donnée Proclus. Pour Platon, « le Monde était né du passage du désordre à l'ordre » (cf. *Timée*, 30 A), mais le sens exact de cette formule avait suscité diverses interprétations : les uns soutenaient en effet que le Maître lui « enlevait ainsi tout caractère d'incréé » (cf. Atticos, *Fragments*, IV, p. 14, l. 6, éd. J. Baudry, Les Belles Lettres, dans Eusèbe, *Préparation évangélique*, 801 C), et les autres prétendaient qu'au contraire, « selon Platon, le monde était incréé » (cf. *ibid.*, l. 9). C'est à cette exégèse que se rallie ici Saloustios — la question de l'éternité du Monde étant hors de toute controverse pour les platoniciens.

5. Cette explication de l'éternité du Monde par la bonté de Dieu est conforme à celle du *Timée*, 29 E.

6. Exemple platonicien repris par Sextus Empiricus, *Contre l'enseignement des sciences*, XI, 270.

7. La doctrine de l'émanation conduit corrélativement à celle de l'imitation par sympathie universelle. Plotin n'est pas la source primitive de l'explication (que reprendra Macrobe, *Commentaire sur le songe de Scipion*, I, 17) du mouvement « en cercle » de corps qui sont dans le Monde et « règlent ainsi leur mouvement sur celui de l'entendement » (cf. *Ennéades*, II, II) : Platon avait proclamé que le mouvement des astres est circulaire (*Timée*, 34 A) et qu'une chaîne d'imitations successives de ce qui se meut « en cercle » — le mouvement le plus beau (*Timée*, 89 A, repris par Atticos, *Fragments*, VI, p. 22, l. 22-24, 37-38, dans Eusèbe, *Préparation évangélique*, 807 AB) — conduit de Dieu à certains corps qui sont dans le Monde, par le maillon intermédiaire de l'entendement.

8. « Le principe du mouvement des corps qui se meuvent en ligne droite n'est pas leur forme, mais leur pesanteur et leur

légèreté » proclamait déjà Atticos (*Fragments*, VI, p. 23, l. 52 et 53, dans Eusèbe, *Préparation évangélique*, 807 D).

9. Cf. Atticos, *Fragments*, VI, p. 23, l. 47, dans Eusèbe, *Préparation évangélique*, 807 C, reprenant Platon, *Timée*, 63 BC.

10. Cf. Atticos, *Fragments*, VI, p. 23, l. 47, dans Eusèbe, *Préparation évangélique*, 807 C, d'après Platon, *Timée*, 63 BC.

11. Julien avait rappelé dans le *Discours sur Hélios-Roi* (130 C) que la lune a un mouvement de sens opposé à celui de l'ensemble des astres et remontant le cours des étoiles au milieu desquelles elle se déplace. On retrouve ici l'opposition entre le mouvement diurne « rétrograde », d'est en ouest, et le mouvement propre des planètes : le mouvement « direct », d'ouest en est.

12. Sur la nature et les propriétés des corps célestes, voir Atticos, *Fragments*, VI, p. 22, l. 33 à 38, dans Eusèbe, *Préparation évangélique*, 807 B.

13. Sur les quatre éléments, voir Atticos, *Fragments*, VI, p. 23, l. 45 à 48, dans Eusèbe, *Préparation évangélique*, 807 C.

14. Cf. Proclus, *Commentaire sur le Timée*, p. 160.

15. Cf. Platon. *Timée*, 62 DE et 63 E, et Atticos, *Fragments*, VI, p. 24, l. 73 et 78 à 82, dans *Préparation évangélique*, 808 BC.

16. Si Saloustios admire l'ordre du Monde, c'est du point de vue de son ordonnance rationnelle et non à la manière sentimentale de Julien célébrant en hiérophante la gloire du Soleil-Roi *(Discours IV)*, ou plus tard de Synésius (*Lettres*, CI, 1469 D) montrant « les astres mêmes semblant le fixer avec amour, lui qui, seul, dans ces vastes campagnes, les contemple d'un œil intelligent ».

17. Cf. Platon, *Timée*, 35 A à 36 D.

Page 12.

1. Conceptions reprises, quant à l'entendement, par Némésius, *De la nature de l'homme*, I, quant à l'essence, par Proclus, *Théologie platonicienne*, III, 9.

2. Cf. Jamblique, *Sur les mystères*, V, 2 : ψυχὴ ἀπὸ νοῦ τελειοῦται.

3. Cf. Archytas, *Livre de la Sagesse*, d'après Jamblique, *Protreptique*, 3 (Gale, *Opuscula mythologica*, Amsterdam, 1688, p. 732).

4. La distinction entre les âmes rationnelles et les âmes irrationnelles vient de Jamblique, *Sur les mystères*, VIII, 6 ; Julien la reprit (cf. *Discours sur Hélios-Roi*, 142 D).

5. Nouvelle application du dogme de l'émanation. Cf. Albinos, *Sur la doctrine platonicienne*, 23, et Platon, *Timée*, 41 C. Les Oracles chaldéens présentaient un système similaire (cf. Kroll, *Oracula Chaldaica*, 58).

6. L'âme raisonnable n'est accordée par Julien qu'aux hommes (*Discours sur Hélios-Roi*, 130 B), mais contrairement à Porphyre, l'Empereur refusait d'admettre une forme d'âme pour les plantes, l'âme irrationnelle ne pouvant descendre que jusqu'aux animaux.

7. Pâris est le symbole de cette âme irrationnelle, soumise aux sensations et aux passions (voir ci-dessus, IV, 5, 7 et suiv.).

8. Cf. Théagès, *Sur les vertus* (dans Gale, *Opuscula mythologica*, Amsterdam, 1688, p. 688) et Plotin, *Ennéades*, I, I, 8.

9. Cf. Platon, *Phèdre*, 245 C, *République*, X, 608 D repris par Plotin, *Ennéades*, IV, VII, 10.

10. De même Marcile Ficin, *Théologie platonicienne*, IX, 2 et 3.

11. Sur les égarements de la jeunesse et les avantages attachés à la vieillesse, voir Cicéron, *De la vieillesse*, VI, 20 ; de même saint Paul (II, *Aux Corinthiens*, IV, 16). A rapprocher également les égards dont on entourait les vieillards en Chine, « les jeunes gens étant présumés avoir des oreilles mais pas de bouche » (Lin-Yutang, *L'importance de vivre*, Paris, Corréa, 1948, p. 196).

12. Cf. Platon, *Philèbe*, 30 C, repris par Atticos, *Fragments*, VII, p. 28, l. 80, dans Eusèbe, *Préparation évangélique*, 810 D et le Pseudo-Aristote, *Théologie égyptienne*, II, 8 à 10.

13. Cf. Plotin, *Ennéades*, I, I, 3.

14. Ce n'est pas seulement les « machines » au sens concret du mot, telles que les élévateurs d'eau, les automates, les éolipyles ou les machines de guerre (Julien avait écrit un traité — aujourd'hui perdu — Περὶ μηχανημάτων) que Saloustios envisage ici : ce sont les « constructions mécaniques » dans l'acception la plus générale, et que la conjecture de Wendland : μηχανήμασι rétrécissait inutilement.

Page 13.

1. Jamblique, *Sur les mystères*, I, 7.

2. Conception proclamée déjà par Pythagore (cf. Jamblique, *Vie de Pythagore*, 28).

3. Les exemples présentés par Saloustios pour prouver l'existence de la finalité en toute chose, et en particulier dans l'anatomie humaine, ne sont pas différents de ceux que de nos jours Alexis Carrel apporta avant de conclure : « Chaque élément du corps s'accommode aux autres, et les autres à lui. Ce mode d'adaptation est essentiellement téléologique... L'existence de la finalité dans l'organisme est indéniable : chaque élément paraît connaître les besoins actuels et futurs de l'ensemble, et se modifie d'après eux. »

4. Cf. Xénophon, *Mémorables*, I, 4.

5. On connaît de nombreux oracles où s'opéraient des guérisons miraculeuses, ainsi à Colophon (cf. Aristide, *Discours*, XXV, 1, éd. Dindorf, p. 491) et à Delphes (cf. inscriptions publiées par Pomtow, *Klio*, XV, p. 46). Julien rappelle la sollicitude d'Asclépios pour les malades de Pergame, de Tarente, de Cos et d'Aegé en Cilicie, rendant la santé aux corps comme aux âmes (*Contre les Galiléens*, 200 B). Voir également Philostrate, *Vie d'Apollonius de Tyane*, III, 44, et Jamblique, *Sur les mystères*, III, 3 ; mais A. D. Nock a justement remarqué (*Sallustius — Concerning the Gods and the Universe*, p. LXVIII, nº 134) que parfois l'oracle se limitait à l'expression de la volonté divine sans l'accompagner d'effets miraculeux.

6. Sur les bienfaits de la « bonne Providence des Dieux », voir Julien, *Discours sur Hélios-Roi*, 132 C à 134 A et *Lettres*, 425 B (nº 11, éd. Bidez-Cumont).

7. Théon le rhéteur avait aussi déclaré que la protection du Monde par les Dieux n'était que la manifestation de leur fonction

providentielle, et n'était l'effet d'aucune délibération spéciale ni d'aucun effort particulier (*Exercices préparatoires*, 12, 1, p. 250 de l'édition Walz). A leur tour, les Scholastiques distingueront l'intention de l'opération ; ici les Dieux exercent « par nature » leur bienveillance à l'égard de leur création, sans avoir, dans chaque cas d'application, à faire intervenir un élément particulier de choix.

8. Cf. Proclus, *Institution théologique*, 122.

9. Reprise de la ligne 3, 2. Cf. Proclus, *Théologie platonicienne*, I, 15.

10. On sait que la bienveillance de Julien fut refusée aux Épicuriens (*Lettre à Thémistius*, 255 BC) et que les œuvres d'Épicure rejoignirent celles de Pyrrhon dans l'Index des mauvais livres (*Lettres*, 301 C, n° 89, éd. Bidez-Cumont).

11. Cf. Cicéron, *Sur la nature des Dieux*, I, 17.

Page 14.

1. Cf. Jamblique d'après Stobée, *Extraits physiques et éthiques*, I, 4, p. 187, éd. Heeren ; conceptions voisines chez Origène, d'après Eusèbe, *Préparation évangélique*, VI, 11.

2. Le rappel faussement étymologique (εἱρμός-Εἱμαρμένη) destiné à expliquer en quoi consiste la Destinée, s'apparente aux procédés des Brahmanes qui s'appuient sur la formation apparente des mots pour justifier leurs théories cosmologiques particulières.

3. Ces « corps divins » sont les astres. Cf. Bonitz, *Index aristotelicus*, 324 A, 4 f., et Diels, *Vorsokratiker*[4], I, p. 306, 12.

4. La forme ὑγείαν, seule donnée par les manuscrits, est attestée dans les inscriptions attiques sous l'Empire ; voir Meisterhans, *Grammatik der attischen Inschriften*, p. 39, 27.

5. Cf. Jamblique, *Sur les mystères*, I, 18 et IV, 4 à 6. Cette conception de la nature humaine sera reprise à la Renaissance par Rabelais (*Gargantua*, I, 57) : « gens libères, bien nés, bien instruits, ont par nature un instinct et aiguillon qui toujours les pousse à faits vertueux ».

6. Cf. Jamblique, *Sur les mystères*, I, 16, repris par saint Augustin : « oculis aegris odiosa est lux, sed puris amabilis ».

7. Cf. Denys d'Alexandrie, *Tour du monde*, v. 739 et suiv., et Porphyre, *Sur l'abstinence*, IV, 21.

8. Cf. Hérodote, *Histoires*, II, 104.

9. Souvent des apories viennent d'une faute de texte ; Porphyre lui-même l'avait montré à son maître Amélius au cours d'une explication du *Timée* (J. Bidez, *Vie de Porphyre*, p. 46). A la suite d'Orelli, qui signala le premier la difficulté posée par l'expression εὐγένειαν σῴζουσιν, les philologues se sont efforcés d'amender le texte, par correction ou addition, en s'inspirant de textes relatifs aux Perses. Cependant, outre que le passage cité d'Hérodote (*Histoires*, I, 136) ne présente pas le désir de « montrer beaucoup d'enfants » comme une aberration, et que seul Philon (*Exposition de la loi*, III, 3, 13, p. 153, 13, éd. Cohn) parle d'inceste persan — ce qui servit de base à la conjecture de Praechter (dans *Berliner philologische Wochenschrift*, 1893, 617) — la paléographie

permet de rétablir le texte grâce à la correction de εὐγένειαν en εὐτεκνίαν ; la confusion de τ et γ est fréquente dans l'écriture onciale, et le passage de κν à νε s'explique au XIIIe siècle où le κ minuscule à haste réduite, en ligature, peut être lu ν dans la forme dérivée de la petite onciale, liée à la lettre précédente. Il s'agit donc d'une faute de minuscule et le sens s'éclaire : le mot εὐτεκνία évoque l'abondance de la progéniture, la richesse en enfants (cf. Euripide, *Ion*, 470, Théocrite, *Épithalame d'Hélène*, 51, Aristote, *Rhétorique*, 1361 A) ; or la prolificité des Perses est bien connue (cf. Hérodote, *Histoires*, I, 136) et ce trait est de nature à expliquer l'allusion faite aux usages de ce peuple en un endroit où Saloustios veut montrer les déviations morales dues à une mauvaise éducation : « la Providence ordonnant d'engendrer principalement dans l'ordre intellectuel sans se laisser entraîner vers la génération » (Julien, *Discours sur la Mère des Dieux*, 166 C), l'erreur des Perses vient de ce qu'ils oublient que « l'unité l'emporte sur toute pluralité » (voir ci-dessus, V, 2, 1 et 2) et que plus il y a de procréations plus il a « propension vers l'infériorité ».

10. Cf. Jamblique, *Sur les mystères*, I, 18. Il s'agit de l'influence de la planète Saturne.

11. Cf. Manéthon, *Sur l'influence des astres*, III, 18 et suiv., 61 et suiv. — Ce n'est pas du Dieu Arès qu'il s'agit ici, mais de sa « sphère », la planète qui porte son nom.

12. L'aspect trigone, en astrologie, est une distance angulaire de 120 degrés entre deux planètes observées de la terre ; l'aspect tétragone est une distance d'un quart du zodiaque, soit 90 degrés entre deux planètes observées dans les mêmes conditions.

13. Dès la fin du IIIe siècle, l'astrologie prit une importance croissante, et Saloustios s'efforce de limiter la croyance en une influence astrale sur la vie des hommes. — Cf. Plotin, *Ennéades*, II, III, 14 et Origène, d'après Eusèbe, *Préparation évangélique*, VI, éd. Viger, p. 192.

Page 15.

1. Parmi les cultes officiels rétablis par Julien, celui de la Fortune se rattachait au plus lointain passé de Rome. Hérode Atticus lui consacra un temple à Athènes au IIe siècle, et ses sanctuaires — *Tychaea* — d'Antioche (cf. Julien, *Apophtegmata*, 176, éd. Bidez-Cumont, p. 223) ou de Césarée (cf. Sozomène, *Histoire ecclésiastique*, V, 4, 2) connurent au IVe siècle un regain de ferveur. Quant aux attributions de cette divinité, voir Proclus, *Commentaire sur le Timée*, I, p. 59.

2. Cette conception juridique d'une cité constituée par les intérêts divers des citoyens s'oppose à notre notion actuelle de la commune que M. Waline définit comme « une collectivité où domine la solidarité d'intérêts des citoyens ». Pour Saloustios, c'est l'accord des contraires qui fonde l'organisation administrative, suivant en ceci la thèse héraclitéenne de l'harmonie des divergences.

3. Il a été montré (IV, 8, 1 à 6) que le Monde sublunaire était

soumis à la loi du devenir, de la croissance et de la décroissance. On retrouve ici un écho de la théurgie de Jamblique qui, par la sympathie universelle, unissait dans la chaîne séléniaque les êtres humains aux divers aspects du règne minéral ; il convient de rappeler les honneurs rendus au Dieu Sîn quand Julien arriva à Carrhes en Osrhoène, pour voir apparaître l'importance de la lune dans la nouvelle théologie. Quant à la note marginale d'après laquelle « on ne doit pas écrire : sur les êtres sublunaires » (voir apparat critique) elle était une variante trouvée dans le prototype du manuscrit A par le copiste de celui-ci qui la rejette, la puissance d'un Dieu s'exerçant à partir de la planète qui lui appartient (voir ci-dessus, VI, 5, 1 à 5) et non sur les êtres qui en émanent.

4. Cf. Plotin, *Ennéades*, III, II, 6, 7 et 15.

5. Cf. Plotin, *Ennéades*, III, II, 15.

6. Il convient de lire ὑπὸ πλούτων et non ὑπέρ, l'abréviation de la préposition ne présentant pas la boucle supérieure caractéristique de celle de ὑπέρ, mais la forme « ouverte », — S penché vers la gauche et barré d'un trait penché à droite. Le sens causal « par amour des richesses » doit donc être maintenu de préférence à la valeur finale « pour acquérir les richesses », que Nock croyait distinguer dans le texte du manuscrit.

7. Contrairement à Platon qui proclamait que le bonheur est attaché à la vertu indépendamment des avantages procurés par les richesses (*Définitions*, 413 C), suivi en cela par les Stoïciens (cf. Zénon dans *Stoicorum veterum fragmenta*, éd. von Arnim, I, 46, 33 et I, 86, 28), Aristote n'admettait pas que le « bonheur suivît la vertu sans les avantages de la richesse » (*Éthique à Nicomaque*, I, 1096 A 1 ; VII, 1153 B 17 ; X, 1178 A 23, et cf. Atticos, *Fragments*, II, éd. Baudry, p. 3, l. 13 et 14, et p. 4, l. 23).

8. Cf. Platon, *République*, IV, 441 C à 444 E, repris par Apulée, *Sur Platon et sa doctrine*, I.

9. Voir ci-dessus, chapitre VIII.

10. La distinction platonicienne entre les passions qui relèvent soit de l'appétit irascible, soit de l'appétit concupiscible (*République*, IV, 429 B à 441 B) fut reprise par saint Thomas d'Aquin. L'appétit irascible caractérise les passions qui supposent « quelque difficulté à surmonter ou quelque effort à faire » (Bossuet, *De la connaissance de Dieu et de soi-même*, I, 6) ; ce sont l'audace, la crainte, l'espérance, le désespoir et la colère.

11. Principe de passions telles que l'amour, la haine, le désir et l'aversion, l'appétit concupiscible est la cause des « six premières passions » — les quatre précédentes ainsi que la joie et la tristesse —, « qui ne présupposent dans leurs objets que la présence ou l'absence » (Bossuet, *De la connaissance de Dieu et de soi-même*, I, 6).

12. Cf. Platon, *République*, IV, 436 AB. Si « l'universel désir guette comme une proie le troupeau des vivants » (Louis Ménard, *Nirvana*), l'usage de la raison permet de résister à son attrait ; les âmes irrationnelles étant soumises à la fois à l'irascible et au concupiscible, l'âme raisonnable saura tirer de ces principes les vertus que cependant ils impliquent : courage et tempérance.

13. Cf. Théagès, *Sur les vertus* (dans Gale, *Opuscula mythologica*, Amsterdam, 1688, p. 681).

14. Cf. Albinos, *Sur la doctrine de Platon*, 28.

15. Cf. Albinos, *Sur la doctrine de Platon*, 28.

16. Cf. Platon, *République*, IV, 441 E à 444 A.

17. La justice dans les affaires consiste en particulier à ne pas s'ingérer dans celles des autres (Platon, *République*, IV, 433 AB), et pourtant ce n'est là qu'une vertu de l'âme (*ibid.*, I, 353 E) sans être encore la vertu en soi, qui implique la justice totale, comme on l'a vu à la ligne 6.

18. Cf. Aelius Aristide, *A l'Empereur*, I, éd. Dindorf, p. 102, et Philodème, *Sur la colère*, XXVIII, 21, éd. Wilke, p. 59.

19. Julien unissait dans le même mépris l'absence de culture et la grossièreté intellectuelle des cyniques et des chrétiens, et il attachait une si grande importance à la παιδεία qu'entre autres raisons expliquant le triste destin de son frère Gallus il trouve « l'éducation négligée » qui lui fut donnée (*Lettre au Sénat et au Peuple d'Athènes*, 271 D).

Page 16.

1. Cf. Julien, *Lettre au Sénat et au Peuple d'Athènes*, 268 C, où la vertu d'Aristide est présentée comme l'œuvre des institutions excellentes d'Athènes. Voir également Proclus, *Commentaire sur les Travaux et les Jours d'Hésiode*, III, éd. Gaisford, p. 112, 23.

2. Cf. Platon, *République*, IV, 441 A.

3. Cf. Porphyre, *Consolation à Marcella*, 9.

4. Cf. Platon, *République*, IV, 441 C suivi par Plotin, *Ennéades*, IV, IV, 17. La classification des gouvernements en trois types — chacun ayant sa forme corrompue — sera reprise par Aristote (*Politique*, livre III), mais celle que présentera Montesquieu repose sur une nomenclature différente qui s'appuie sur des principes non platoniciens, ainsi que l'a naguère montré M. P. Lemerle (*Montesquieu et Byzance*, dans *Le Flambeau*, *Revue belge des questions politiques et littéraires*, 1948, pp. 386-394).

5. Platon avait aussi défini « les gardiens » de l'État comme possédant la perfection et la sagesse (*République*, IV, 428 D).

6. Dans la première moitié de son règne, Julien illustra cette formule, en se montrant « raisonnable », donc tolérant et clément, ne suivant pas l'appel de « l'irascible » qui le poussait à la vengeance. Il voulait en effet réaliser l'idéal d'un souverain affranchi des passions, alliant la royauté à la philosophie (voir A. Harnack-Herzog, *Real-Encyclopädie*, *Julian*, 616, 24 et suiv., 35 et suiv.), et s'efforçant de demeurer fidèle à la position qu'il avait définie dans sa *Lettre à Thémistius ;* de même : « que celui qui gouverne examine s'il travaille sans cesse à se conformer à la droite raison » (*La morale de Confucius, philosophe de la Chine*, anonyme, Londres, 1783, p. 169, maxime XIV, 10e règle sur les devoirs d'un roi).

7. Cf. Théophylacte, *Institution royale*, II, 6, éd. Possini, p. 47.

8. Cf. Platon : « les chefs doivent être les meilleurs et les mieux doués des gardiens » (*République*, III, 412 C).

9. Cf. Plutarque, *Si les vieillards doivent prendre part aux affaires publiques*, XI, 790 A.
10. Cf. Platon, *République*, IV, 445 D.
11. Cf. Platon, *République*, VIII, 548 AB.
12. Cf. Platon, *République*, VIII, 548 C.
13. Cf. Platon, *République*, VIII, 565 E à 566 D.
14. Cf. Platon, *République*, VIII, 576 C à 579 C.
15. Cf. Platon, *République*, VIII, 550 D à 552 E.
16. Cf. Platon, *République*, VIII, 553 CD.
17. Cf. Platon, *République*, VIII, 555 B à 558 D.
18. Cf. Platon, *République*, VIII, 565 A.
19. Cf. Platon, *République*, VIII, 557 AB. Si la source principale de ce chapitre est platonicienne, il convient toutefois de remarquer la différence qui sépare Saloustios de Platon : utilisant les conclusions de détail que celui-ci avait prêtées à Socrate dans son examen des divers gouvernements, le Préfet du Prétoire de Julien exclut la conception aristocratique de l'État pour recommander la Royauté qu'il présente comme une émanation de la raison, et le gouvernement du « meilleur » ; c'était déjà, on l'a vu, la définition de Plutarque (voir ci-dessus, n. 9).
20. A ce problème déjà posé par Jamblique (*Théologie égyptienne*, IV, 6 à 10) le Pseudo-Denys l'Aréopagite apportera quelques compléments (*Des noms divins*, 4). D'après le témoignage de la *Souda* (article Ἰουλιανός, I, II, éd. Bernhardy, p. 1010, 10) citant des textes contemporains de l'Empereur, Julien lui-même aurait écrit un traité : Περὶ τοῦ πόθεν τὰ κακά — aujourd'hui perdu. Pour lui, comme pour Jamblique, le Monde, beau et bon, fut l'œuvre d'un démiurge bienveillant, auquel l'existence des maux ne peut être rapportée (cf. *Lettre* 89 b, 301 A).

Page 17.

1. Contrairement à la gnose valentinienne ou au Manichéisme, qui admettaient l'existence de deux forces divines opposées : le Bien et le Mal, la théologie néoplatonicienne ne conçoit pas l'existence du mal en soi.
2. Le mal est une conséquence de la liberté morale : il n'est que l'absence du bien, auquel la raison seule peut conduire. Démocrite en effet avait enseigné que le bonheur et le malheur résident en nous-mêmes, et les *Vers d'or* de Pythagore affirment ques « les hommes souffrent des maux qu'ils se sont choisis eux-mêmes, et ne perçoivent pas les biens qui sont tout près d'eux » (G. Méautis, *Le livre de la sagesse pythagoricienne*, Paris, Dorbon aîné, 1938, p. 43). Julien déclare de même que « le divin n'a pas produit les maux, ni ordonné leur existence » (*Sur la royauté*, 90 A) ; à sa suite Synésius (*Traité des songes*, 1296 D) annonce la conclusion de Louis Ménard : « Ce n'est donc pas le péché qui accuse la Providence, puisqu'il est notre œuvre » *(Lettre d'un mandarin au directeur de la Critique Philosophique)*.
3. Le verbe fut sauté par le scribe du manuscrit A, mais par une confusion heureuse de celui de V entre l'accent circonflexe

du mot précédent et la virgule qui le suivait, il lut εἶναι, (῀) en abréviation, retrouvant le bon texte, grâce à la faute inverse.

4. Cf. Jamblique, *Sur les mystères*, IV, 6 et Porphyre, *Consolation à Marcella*, 24.

5. L'emploi du raisonnement par l'absurde au cours d'un syllogisme disjonctif caractérise la dialectique de ce chapitre, qui exclut toute origine divine pour les maux, mais les fait naître de l'ignorance humaine.

6. Sur l'impossibilité pour Saloustios de concevoir des Démons mauvais, voir G. Rochefort, *La démonologie de Saloustios et ses rapports avec celle de l'Empereur Julien*, dans *Lettres d'humanité*, XVI, *Bulletin de l'Association Guillaume Budé*, 4e série, no 4, déc. 1957, p. 53-61.

7. Le paganisme rénové ne s'oriente pas ici vers le monothéisme ; l'emploi du singulier s'explique par une abstraction généralisante tirant de l'existence des divers Dieux et de leur nature les éléments ontologiques « du divin ».

8. Ces pratiques aberrantes des hommes sont l'effet de l'exercice fâcheux de leur libre arbitre. Cf. Porphyre, *Consolation à Marcella*, 24, et Plotin, *Ennéades*, III, II, 3 à 7.

9. Même maxime chez Mong-Tseu, au IVe siècle avant Jésus-Christ : « Si l'homme fait le mal, ce n'est pas la faute de la nature ; le bonheur et le malheur ne viennent que de nous-mêmes. »

10. Cf. Proclus, *Sur la nature du mal*, éd. Cousin, p. 214, 12 et suiv.

11. Platon (*République*, I, 335 DE) avait condamné les mauvais traitements contre les ennemis ; même aversion chez Julien pour la violence à l'égard de ses ennemis (cf. *Lettres*, éd. Bidez et Cumont, nos 83, 376 C ; 60, 378 C et suiv. ; 115, 424 B et suiv.). Le glaive était dans ses mains depuis un an, et « l'incorruptible Histoire

> Dira ce qu'il fallut à l'amant de la gloire
> De force et de vertu pour ne s'en pas servir. »

(Louis Ménard, *La dernière nuit de Julien*, v. 26 à 28), jusqu'à ce que le désordre et l'émeute, puis l'incendie de Daphné, l'eussent conduit à sévir. Confucius avait dit dans le même sens que l'on pouvait avoir de l'aversion pour son ennemi, « sans pour autant avoir le désir de se venger » (cf. *La morale de Confucius, philosophie de la Chine*, anonyme de Londres, 1783, Ire partie, maxime LXIII, p. 148).

12. Orelli avait cru pouvoir considérer cette comparaison avec l'obscurité comme une « insertion de glose », la ligne 1, 5 la présentant déjà ; mais outre qu'il devrait aussi frapper d'atéthèse la ligne 1 du paragraphe 4 pour la même raison, il n'a pas vu que la majeure étant traitée (2, 1 à 2, 7), ainsi que la mineure (3, 1 à 5), il ne restait plus qu'à conclure (5, 7 à 11) en confirmant l'hypothèse (1, 4) par quelques exemples (5, 3 à 6).

13. Comme « il n'est aucune forme qui naisse sans la force opératrice du Soleil » (Julien, *Discours sur Hélios-Roi*, 140 B et 141 A), l'obscurité en soi ne peut exister ; ce serait en effet admettre le dualisme mazdéen.

14. Démocrite avait montré que l'ignorance de la vraie nature du bien est la cause des fautes humaines (cf. Stobée, *Extraits physiques et éthiques*, II, 9) ; le pseudo-Denys l'Aréopagite reprit ce thème (*Des noms divins*, 4).

15. Selon Socrate, « on ne pèche que par ignorance » (cf. Platon, *Protagoras*, 345 D, *Gorgias*, 509 E, et voir L. Robin, *La morale antique*, Paris, 1938, p. 150). A son tour, Épictète considéra que l'homme vicieux ne voit pas le bien, comme l'aveugle ne voit pas la lumière, et qu'il fait le mal non parce qu'il croit que c'est le mal, mais parce qu'il le prend pour le bien (cf. *Entretiens*, I, 18, 3 à 7).

Page 18.

1. L'addition de τε que je propose rétablit la symétrie du premier terme du premier parallélisme : les arts, les sciences et les exercices — les prières, les sacrifices et les rites d'initiation = les lois et les institutions — les jugements et les châtiments.

2. Ces exercices sont destinés à éprouver la vigueur logique de l'étudiant. Cf. Platon, *Théétète*, 153 B.

3. Le châtiment des fautes dans l'au-delà sera repris au chapitre XIX, 2.

4. La punition des coupables par les Dieux et Démons purificateurs avait déjà été évoquée par Julien, ouvertement dès le *Discours sur la Royauté*, dédié à Constance (90 AB). Quant aux épurations successives des âmes, elles comptaient parmi les dogmes pythagoriciens ; voir G. Rochefort, *La Démonologie de Saloustios et ses rapports avec celle de l'Empereur Julien*, dans *Lettres d'Humanité*, tome XVI, p. 53-61.

5. La première partie étant achevée, les lecteurs « naturellement bons et sensés » (I, 1, 1 à 4), mais qui n'ont pas de connaissances philosophiques suffisantes, sont invités à assimiler les doctrines de base qu'on vient de leur rappeler, sans poursuivre plus loin l'étude du traité de Saloustios (voir p. xxx).

6. La discussion des problèmes qui vont suivre, accessible seulement aux disciples du second degré, portera sur l'examen des objections soulevées par les chapitres V à XII.

7. L'incréation des Dieux correspond à leur éternité, sans que Saloustios distingue dans celle-ci deux aspects, l'un statique, l'autre dynamique, comme le fera Proclus (*Institution théologique*, 55).

8. L'auteur renvoie ici le lecteur au chapitre IV dont les mythes illustrent son propos ; se limitant aux enseignements fondamentaux, il laisse à qui désire des études plus approfondies (VI, 1, 5) le soin de recourir aux ouvrages spécialisés — ceux de Platon, Plotin, Porphyre, Jamblique et Julien, par exemple.

9. Voir ci-dessus, chapitre IV, 8, 6 et 7.

10. Voir ci-dessus, chapitre IX, 3, 4 à 7.

11. Le thème de la coexistence du Créateur et de ses créatures sera repris ci-dessous (4, 2 à 4, 7 et 8).

12. Cette distinction entre « le mode, la forme et l'ordre » se retrouvera, environ cinquante ans plus tard, dans le *De Trinitate*

de saint Augustin, où l'évêque d'Hippone, recherchant dans le Monde des manifestations du triple aspect de Dieu, reprend la détermination trinitaire de Saloustios et l'unit, dans le rythme général de l'univers, aux harmonies trinominales : mesure, nombre et poids — naturel, rationnel et moral — physique, logique et éthique.

13. Voir ci-dessus, II, 2, 1-2.

Page 19.

1. Corollaire de la remarque générale, 2, 4.

2. Philon (*Sur l'éternité du Monde*, 72) réfuta la doctrine stoïcienne de la destruction du Monde ; l'allusion de Saloustios, dans les mêmes termes, vise ici la conception de Chrysippe sur l'anéantissement de l'univers.

3. Cette hypothèse avait été écartée déjà, VII, 1, 5.

4. Réduction au particulier du corollaire, 4, 2-3 ; cette création du Monde par Dieu « en vertu de sa puissance » s'effectue sans effort (cf. IX, 3, 2-3).

5. Entre les Dieux et les hommes, les croyances néoplatoniciennes plaçaient les Démons et les Anges (cf. Jamblique, *Sur les mystères*, II, 6, 81). La disposition du texte dans le prototype du manuscrit A peut expliquer la faute, le scribe répétant ἀνθρώπους par « suggestion de mot », celui-ci se trouvant écrit à la ligne précédente. (Sur cette conjecture, voir Nock, p. 26, l. 8.)

6. Ces puissances intermédiaires ne sont pas les Héros, mais essentiellement les Démons et les Anges. Il ne peut, en effet, s'agir de « Guides », ni de « Héros » (cf. Platon, *Cratyle*, 397 D) ayant été autrefois des hommes, dont les mérites exceptionnels auraient gagné la divinisation : les sympathies des Épicuriens pour un évhémérisme rénové suffisaient à lui faire perdre toute audience dans le cercle de l'Empereur Julien.

7. Julien avait été très sensible au rôle de Jésus comme médiateur ; aussi n'est-il pas étonnant qu'entre autres éléments communs au Christianisme et à l'École de Jamblique il ait fait une place dans sa hiérarchie céleste aux puissances intermédiaires, destinées à intercéder pour les hommes auprès des Dieux, ou à transmettre les messages de ces derniers aux créatures sublunaires (pour les Anges solaires, cf. *Discours sur Hélios-Roi*, 141 B, 142 AB — pour les Anges lunaires, cf. *Lettre au Sénat et au Peuple d'Athènes*, 275 B).

8. Cf. Jamblique, *Théologie égyptienne*, I, 12 et *Sur les mystères*, I, 13 et VIII, 8.

9. La construction de ἀποστρέφονται avec l'accusatif, que proposa ici Gale, est attestée en effet ci-dessous (3, 6) et au chapitre III, 2, 2.

10. « Là où se développe la joie peut se développer la souffrance », car « la volupté appelle toujours une volupté plus grande et souffre de ne la pouvoir obtenir », avait déclaré dans le même sens le sage des Çâkyas sur le chemin du Bodhimanda — thème qu'il reprit dans le *Sermon de Bénarès*.

11. Cf. Jamblique, *Sur les mystères*, I, 13.

12. La colère est incompatible avec la divinité, Dieu ayant été précédemment défini comme impassible (I, 2, 3).

13. Atticos ayant proclamé « que Dieu est bon et que l'être bon n'a aucune envie sur aucun objet » (*Fragments*, III, p. 10, l. 11 et 12, dans Eusèbe, *Préparation évangélique*, 798 D), Porphyre ajouta que « Dieu n'a besoin de personne » (*Consolation à Marcella*, 11).

14. Bien que l'affirmation d'Ennius sur le détachement divin à l'égard des affaires humaines puisse offrir quelque rapport avec le propos de Saloustios, on ne peut citer le fragment conservé de son *Télamon* que comme le support d'une explication différente de l'origine du mal sur la terre (voir J. Bayet, *Littérature latine*, Paris, A. Colin, 1947, p. 96, et ci-dessus, XII, 1, 3 et 2, 2).

15. Cf. Platon, *Phédon*, 78 C.

16. Cette « communion avec les Dieux » s'explique par une extension de la doctrine de l'émanation. (Cf. III, 2, 2 et 3 et la note.)

Page 20.

1. Ces Démons du châtiment sont distincts des Démons purificateurs (XII, 6, 6) ; voir G. Rochefort, *La Démonologie de Saloustios et ses rapports avec celle de l'Empereur Julien*, p. 58 et 59.

2. Le témoignage des manuscrits concorde pour ne placer aucune négation devant ces deux verbes, qui, dès l'édition d'Orelli, en furent précédés : la traduction de Schultess, par suite d'une méprise sur la valeur de ἀλλά, avait suggéré la correction οὐδὲ ... οὐδέ par ce savant ; Mullach proposa οὔτε ... οὔτε, suivi par Nock. En réalité, il y a difficulté du fait de la concision du style ; l'auteur introduit souvent l'objection directement, et ne prend pas toujours le soin d'en avertir le lecteur comme il le fait au chapitre XIII, 4, 5 (οἱ φθείροντες τὸν Κόσμον...). Généralement on s'aperçoit qu'il s'agit d'un adversaire dont il rapporte les propos pour les conduire à la conclusion, inacceptable, qu'ils impliquent. Ici, au contraire, Saloustios ne cite pas un contradicteur mais les opinions courantes des gens non éclairés : « (On croit en général, contrairement à ce qui vient d'être exposé, 1, 5) que les prières sont des devoirs que nous rendons aux Dieux (qui les recevraient avec joie, ou s'irriteraient s'ils en étaient privés), et que (par ces dévotions) nous les changeons à notre égard » ; à la suite de ce jugement inexact, mais que l'on accepte temporairement comme une formule dont l'impropriété va permettre de préciser le véritable sens d'une assertion du sens commun, Saloustios définit le vrai rôle des dévotions : « du moins, ces pratiques permettent de goûter de nouveau à la bonté des Dieux (que nos péchés avaient détournés de nous) » ; la seconde partie de la phrase — introduite par ἀλλά — s'adresse aux disciples du second degré, capables de saisir l'implication mystérieuse des devoirs religieux : le retour à la communion avec les Dieux.

3. Ce chapitre étend et complète le précédent (particulièrement pour 1, 6 à 11) ; la valeur des sacrifices avait été abondamment étudiée par Jamblique, *Sur les mystères*, V, 21, 24, 25, 26, de même que par Porphyre, *Sur l'abstinence*, II, 24, mais Saloustios ne fait

aucune allusion à la création de trouble pendant les sacrifices, sous l'action des Mauvais Démons (cf. Athénagoras, *Ambassade*, 24, éd. Dechair, p. 109).

4. Cf. Platon, *Timée*, 29 E, Atticos, *Fragments*, III, p. 11, l. 10 à 15 (dans Eusèbe, *Préparation évangélique*, 798 D) et saint Paul, *Actes des Apôtres*, XVII, 24-25.

5. Contrairement aux Chrétiens pour qui le Monde vit de la création divine continuée, Saloustios considère la Providence comme une émanation des Dieux, dont seule « l'adaptation » permet aux hommes de recevoir les bienfaits.

6. Nouvelle application du dogme de l'émanation par sympathie universelle, étendant le développement esquissé à VII, 3, 1. La théurgie avait découvert les correspondances appropriées entre les formes inférieures et les êtres supérieurs (cf. Jamblique, *Sur les mystères*, V, 23) : l'autel — partie essentielle du temple permettant à l'homme de s'élever vers Dieu par les sacrifices — imitait le ciel qui assure la liaison entre le monde sublunaire et la sphère des Dieux. (Philon, *Exposition de la loi*, I, 66, avait déjà présenté le Monde comme le Temple de Dieu.)

7. Porphyre, qui avait donné la signification véritable des statues dans son ouvrage *Sur les images des Dieux* (voir J. Bidez, *Vie de Plotin*, appendice), est la source de ce passage de Saloustios, et non Julien (son exégèse donnée dans le *Discours sur Hélios-Roi*, 148 D, ne traite que du sens particulier des statues représentant les Charites).

8. Ces signes sacrés, dont le sens mystique devait demeurer caché au vulgaire, comprennent ceux qui couvraient le rhombe d'Hécate (cf. J. Bidez, *Michel Psellus, Épître sur la chrysopée...*, Bruxelles, Lamertin, 1928, p. 201, 20 suiv.), et dont seuls les initiés connaissaient la signification (cf. Julien, *Contre Héracleios le cynique*, 216 C). Ils étaient en rapport avec l'astrologie et la magie, et leur emploi s'imposait dans les rites de la théurgie, qu'il s'agît de la figuration symbolique des astres ou des signes du zodiaque, des signes représentant les métaux dans leurs rapports avec les planètes, ou enfin des noms comme ΑΒΡΑΞΑΣ, ΙΑΩ... Cet ensemble de figures s'apparente au symbolisme de la croix, au pentagramme hébraïque et aux notions chinoises du yin et du yang.

9. Ces plantes et ces pierres étaient utilisées par les théurgies dans les épiphanies démoniaques ou les exorcismes (cf. Jamblique, *Sur les mystères*, V, 23).

10. Cf. Jamblique, *Sur les mystères*, V, 14.

11. Reprise de XIV, 1, 6 à 11, sous une forme plus condensée.

12. Cf. Jamblique, *Sur les mystères*, V, 21, et reprise de XIV, 2, 2.

13. Julien rappellera à la suite de Saloustios (XV, 3, 1-2) que « les Dieux n'ont pas besoin des acclamations des hommes » (*Lettres*, éd. Bidez, n° 176, p. 217). Les sacrifices ne pouvant être utiles aux Dieux, leur accomplissement ne sera un profit que pour les hommes ; d'une part ils témoigneront de la reconnaissance de ceux-ci envers leur Créateur (cf. Épictète, *Entretiens*, I, 6) et d'autre part, élevant vers Dieu l'âme des hommes, ils attireront

sur elle la bienveillante sollicitude de la Providence. Contrairement au Christianisme, cette doctrine ne fait pas descendre Dieu vers les hommes pour leur apporter le bonheur éternel, mais elle appelle ceux-ci à goûter cette récompense en se haussant par la piété vers le divin.

Page 21.

1. Cf. Porphyre, *Sur l'abstinence*, II, 34, p. 78, éd. Holstein, et Jamblique, *Sur les mystères*, V, 5, p. 206, éd. Parthey.

2. Tout comme la consécration de la première barbe à une divinité — *depositio barbae* — donnait lieu à Rome, comme en Grèce, à une grande fête, l'offrande de cheveux sur l'autel comptait parmi les sacrifices d'action de grâces.

3. Pour Jamblique également, « une cérémonie religieuse sans supplication des Dieux par la prière » était inconcevable (*Sur les mystères*, V, 26, p. 238, 14, éd. Parthey).

4. Cf. Jamblique, *Sur les mystères*, V, 25.

5. Cf. Jamblique, *Sur les mystères*, III, 20, p. 149, 9 et III, 27, p. 165, 14, et Porphyre, *Sur l'abstinence*, II, 34.

6. Une extension de l'analyse explique ce second rappel de la communion de l'Homme et de Dieu : tout d'abord on constate son existence chaque fois que se trouve réalisée la « ressemblance » de la créature et du Créateur (XIV, 2, 1) ; ensuite Saloustios montre le profit que l'homme en éprouve (XV, 3, 2-3) ; aussi, en troisième lieu, convient-il que l'on souhaite une telle communion avec Dieu (XVI, 1, 10 et 11).

7. Cf. Platon, *Phédon*, 72 A.

8. De même qu'à XIII, 5, 2-3, Saloustios avait proclamé la nécessité d'admettre des intermédiaires entre les hommes et les Dieux, de même ici le sacrifice d'un médiateur vivant permettra aux hommes de communier avec Eux. Bien que Platon eût déjà esquissé une théorie de la médiation, le développement laisse peut-être percer l'influence d'un dogme essentiel du Christianisme (cf. saint Paul, *Épître aux Hébreux*) qui se trouverait adapté à la doctrine « hellène ».

9. Reprise de XIII, 5, 3-4, mais avec une extension réduite ici.

10. Cf. saint Paul, *Épître aux Hébreux*, 2, 14. Un parallélisme avec le dogme chrétien apparaît ici dans la définition de la victime médiatrice.

11. De même qu'à XXI, 1, 2-3, ce bonheur repose sur la séparation de l'âme d'avec l'âme irrationnelle et sur son dégagement des liens du corps — à rapprocher de la réponse de Saloustios à Julien mourant qui s'enquérait du sort d'Anatole : « il est bienheureux » (Ammien Marcellin, *Histoire*, XXV, 3, 21).

12. Pour chaque Dieu, il convient de connaître la nature des victimes à offrir (cf. Jamblique, *Sur les mystères*, V, 20), leur âge, leur sexe et la couleur de leur robe; ainsi le porc est offert à Déméter, mais ne peut être sacrifié à Aphrodite, et si l'on immole des victimes blanches aux Dieux supérieurs, celles que l'on destine aux Dieux infernaux ou chthoniens seront noires.

13. Ce chapitre est le corollaire du septième qui avait traité de

l'incréation et de l'éternité du Monde (2, 1 à 5), le caractère impérissable de celui-ci n'intervenant que pour expliquer l'ἀγενησία. Il s'agit au contraire ici de traiter en détail *de l'indestructibilité du Monde*, à laquelle Philon avait consacré l'ouvrage du même nom ; on a vu déjà (VII, 1, 3 à 6) que l'idée d'une destruction par les Dieux est rationnellement inconcevable.

14. Cf. Ocellus Lucanus, *De l'univers*, 1.

15. C'est sous la forme d'un syllogisme hypothétique disjonctif complexe que se présente le premier argument de ce chapitre : il n'est rien qui puisse détruire le Monde (1, 4 à 3, 10).

16. Or cette éventualité est un *adynaton.*

17. Cf. Stobée, *Extraits physiques et éthiques*, I, 5, 18, éd. Wachsmuth et Hense, p. 81, 9.

Page 22.

1. Cette analyse complète l'étude antérieure des corps à mouvement circulaire ou à mouvement rectiligne (VII, 3, 1 à 5).

2. Définition établie grâce à l'emploi d'un enthymème à termes inversés.

3. Les corps à mouvement circulaire et les corps à mouvement rectiligne pourraient se rencontrer s'ils étaient dans le même plan et si, en même temps, la droite selon laquelle ceux-ci se déplacent était sécante au cercle de révolution des premiers ; pour qu'il ne puisse se produire aucune rencontre, il faut imaginer que les mouvements s'effectuent dans des plans différents.

4. Même conception chez Lucrèce (*De la nature*, II, 67 à 79, et en particulier au vers 78) pour qui le principe de la conservation de l'énergie n'exclut pas la μεταβολή héraclitéenne (*ibid.*, p. 296).

5. Cf. Ocellus Lucanus, *De l'univers*, I, 11 et 12.

6. Second argument : l'éventuel changement de forme du Monde n'empêchant pas la naissance d'autres créatures, et la matière étant d'autre part impérissable, le Monde ne peut mourir (4, 1 à 5, 9).

7. Hypothèse exclue *per absurdum.*

8. Même fondée sur une supposition aussi étrange, l'objection contre l'indestructibilité du Monde ramène à l'affirmation de son existence immortelle.

9. Tout mixte est composé d'une limite et d'un illimité, l'âme possédant « une substance indivisible et une substance divisible qui est dans les corps » (cf. Platon, *Timée*, 35 A), et Saloustios étend ici à la matière la division platonicienne.

10. Le premier mixte, le corps du Monde, est organisé si harmonieusement qu'il est impérissable (cf. Platon, *Timée*, 41 AB), aussi ne peut-on faire disparaître que sa « forme » — c'est-à-dire sa beauté —, et l'on a vu (4, 3) que même si ce mode périt, « d'autres êtres naissent », assurant ainsi l'indestructibilité du Monde.

Page 23.

1. Cf. Ocellus Lucanus, *De l'univers*, I, 10.

2. Reprise d'une remarque antérieure (5, 1 à 5).

3. Éventualité exclue précédemment, les Dieux étant éternels

(II, 1, 3-4) et « la destruction du Monde impliquant la destruction de son auteur » (XIII, 3, 7 à 10).

4. La bonté des Dieux (XII, 1, 1 et 2, 1 à 3) ne peut permettre ce salut égoïste, car leur « Providence s'étend aux objets de leur prévoyance » (IX, 3, 7).

5. Ceci avait été précédemment démontré (5, 5 à 9).

6. Troisième et dernier argument : le Monde ne peut périr ni conformément à la nature ni contrairement à elle (8, 1 à 9, 4). Faute d'interpréter correctement la valeur de la conjonction qui suit, plusieurs philologues ont ici proposé de compléter le texte ; la mineure désormais maintenue à sa place rend inutile tout essai de reconstitution.

7. Tout dualisme étant exclu, cette hypothèse ne peut se vérifier.

8. La forme circulaire du Monde s'explique parce qu'il imite la perfection de son modèle (cf. Platon, *Timée*, 32 B, 31 AB et Julien, *Discours sur Hélios-Roi*, 148 CD ; de même Ocellus Lucanus, *De l'univers*, I, 15).

9. Bien que certaines croyances sur la sénescence du Monde fussent répandues (cf. Aulu-Gelle, *Nuits attiques*, III, 10, 11 et Apulée, *Asclépius*, 26), Saloustios les rejette : le Monde participant à la nature divine (VII, 2, 3-4 et Julien, *Discours sur Hélios-Roi*, 132 C) demeure immuable.

10. Le Monde, être divin, peut recevoir les prières des hommes (cf. Manilius, *Astronomiques*, I, 523, Pline, *Histoire naturelle*, II, 1) ; Porphyre avait admis la vénération du Monde comme un Dieu (cf. Eusèbe, *Préparation évangélique*, III, 9, éd. Vigier, p. 103).

11. Le mot d'athéisme, employé par les écrivains chrétiens pour désigner les croyances païennes (cf. Athénagoras, *Ambassade*, 4 et *Martyre de saint Apollonius*, 4, dans O. von Gebhardt, *Ausgewählte Martyreracten*, Berlin, 1902, p. 45, 13), est utilisé par Saloustios dans l'acception que Julien lui donnait : « hostilité contre la religion des Ancêtres », « refus d'adorer les Dieux ». Cette négation d'une foi au nom d'une autre se distingue de l'impiété : ἀσέβεια (cf. Julien, *Contre les Galiléens*, éd. Neumann, p. 207, 13), qui est une forme mineure de cet état d'esprit ; « l'athéisme » de Constantin avait en effet (cf. Zosime, *Histoire contemporaine*, II, 29) « donné le branle à l'impiété », et Julien nous assure lui-même du sens fort qu'il donne à ce mot (*Lettres*, n° 84, éd. Bidez, p. 144 et *Misopogon*, 363 AB). Considérant ici les manifestations de cette forme d'erreur, Saloustios emploie le pluriel, tout comme il l'avait fait pour l'engloutissement des enfants de Cronos (IV, 1, 5). Le mot d'ailleurs ne s'applique pas uniquement aux Chrétiens, bien qu'il les concerne plus particulièrement puisqu'ils sont les seuls qui, « après avoir connu les Dieux, les ont méprisés » (cf. *infra*, 3, 1-2) : les cyniques sont également condamnés (cf. Julien, *Discours contre les cyniques ignorants*, 199 B et Libanius, *Discours*, XVIII, 157) ainsi que les Épicuriens (*Lettres*, n° 89 B, 301 C, éd. Bidez, p. 169). On connaît aussi la formule prononcée au début des représentations théâtrales à l'époque de Julien : αἶρε τοὺς ἀθέους.

12. Cf. Anthime, *Sur la sainte église*, éd. Mercati, dans *Studi et Testi*, V, p. 95, 22, s'exprimant dans les mêmes termes sur les hérésies, tout comme Firmicus Maternus, déplorant l'idolâtrie (*Sur l'erreur des religions profanes*, 20).

13. Saloustios envisage ici l'éventualité de l'extension de la religion du Christ (voir la note d'Hérald sur Arnobe, *Contre les nations*, I, 29, éd. Orelli, t. I, p. 310).

14. Ce mot désigne les « *Hellènes* », par opposition aux Chrétiens.

15. Cf. *supra*, XV, 1, 3-4.

16. Conséquence impliquée par la remarque antérieure (IX, 5, 3 à 7) sur le bon ou le mauvais usage des qualités venues de la Destinée, mais avec une extrapolation ici des bienfaits inégaux de la Providence. Cf. Jamblique, *Sur les mystères*, III, 12, éd. Parthey, p. 128, 9.

Page 24.

1. On sait que, lors des *Parentalia*, les temples romains demeuraient fermés neuf jours, pendant que « des brebis noires étaient immolées aux morts » (Lucrèce, *De la nature*, III, 51-52). Sur l'institution de ces « Jours Maudits », voir Rabe, *Scholies de Lucien-Timon*, 43, p. 117, 14, saint Augustin, *Exposition de l'épître aux Galates*, 4 et Marinus, *Vie de Proclus*, 19, éd. Boissonade, p. 16.

2. Salomon Reinach a rappelé à ce propos que « les étoffes peintes ou brodées jouaient un grand rôle dans la décoration intérieure de certains temples antiques et étaient repliées aux jours de tristesse, où le culte divin était suspendu » (cf. *Comptes rendus de l'Académie des Inscriptions et Belles-Lettres*, 1927, p. 199, séance du 22 juillet 1927).

3. Cf. Cornutus, *De la nature des Dieux*, 24.

4. Cf. Jamblique, *Sur les mystères*, I, 11.

5. On retrouve ici l'écho de Julien qui accusa à son tour Constantin d'apostasie pour avoir renié la foi de ses pères (cf. Ammien Marcellin, *Histoire*, XXI, 10, 8, et Bidez-Cumont, *Juliani Imperatoris epistulae, leges, poematia*, n° 21, p. 27) ; les Chrétiens éprouvaient d'ailleurs un sentiment identique à l'égard des renégats (*Luc*, VIII, 13).

6. « L'élément principal du bonheur est la connaissance des Dieux » (cf. Julien, *Discours sur la Mère des Dieux*, 180 B), et il ne peut être accordé aux âmes souillées par une impiété antérieure à leur incarnation actuelle.

7. Sur les métempsychoses, voir ci-dessous, au chapitre XX.

8. Allusion à l'ancienne divinisation des empereurs, mais surtout aux honneurs quasi divins dont le Βασιλεύς était entouré pendant sa vie (cf. Julien, *Éloge de Constance*, 8 A et Philostorge, *Histoire ecclésiastique*, II, 17). Julien dut rappeler qu'au moment où il pénétrait dans un temple les fidèles devaient garder le silence en réservant leurs acclamations pour les Dieux (*Lettres*, éd. Bidez, n° 176).

9. Julien attribue le châtiment des athées « à la tribu des Démons pervers » (*Lettres*, 288 A, éd. Bidez, n° 89 B, p. 155).

10. *Les délais de la justice divine* furent l'objet d'un traité de

Plutarque, dont Proclus reprit le thème dans ses *Dix incertitudes sur la Providence* (VIII, éd. Cousin, p. 153).

11. Croyance remontant à Chrysippe, rapportée par Plutarque (*Sur la cessation des oracles*, p. 417) et reprise par lui dans *Les délais de la justice divine*, éd. Wyttenbach, Leyde, 1772, p. 104.

12. Cf. Cicéron, *Pour Roscius d'Amérie*, 67, Plutarque, *Les délais de la justice divine*, II, 556 D, et Julien, *Contre Héracleios le cynique*, 215 A.

13. Cf. *supra*, VIII, 3, 1 à 4.

14. Cf. Horace, *Épîtres*, I, 16, 52.

15. Cf. Himérius, *Discours*, VII, 15.

16. Les Épicuriens, au contraire, refusaient l'idée des châtiments après la mort (cf. Lucrèce, *De la nature*, III, 978 à 1023).

17. Tout comme pour les bouddhistes, la terre est pour Saloustios le lieu d'expiation des âmes dans la souillure des corps. Au chapitre XXI, au contraire, il évoque les âmes vertueuses qui ont atteint la félicité dans la sphère des intelligences divines, libérées, de leur chute dans la matière (cf. IV, 10, 4). Cf. Platon, *Phédon*, 81 D.

18. Cf. Plutarque, *Les délais de la justice divine*, XXII, 567 C. Pour l'exil de l'âme dans les régions chaudes, voir l'*Apocalypse de Pierre*, 23.

19. Cf. *Apocalypse de Paul*, 42.

20. Cf. G. Rochefort, *La Démonologie de Saloustios*, p. 59 et n. 49.

21. Cf. Platon, *Phédon*, 81 D. Ce fantôme était représenté par les Larves, chez les Latins, le Double insatisfait, chez les Égyptiens, et le Hwen, chez les Chinois.

Page 25.

1. Le pluriel s'explique parce que l'âme peut s'incarner plusieurs fois : ses fautes, retardant son ascension définitive (cf. Platon, *Phédon*, 114 BC), l'obligent à de nouvelles réincarnations (cf. Platon, *Ménon*, 81 C) ; voir également Ovide, *Métamorphoses*, XV, 158 et suiv., Plotin, *Ennéades*, III, II, 13 et IV, III, 16, ainsi que Jamblique, *Théologie égyptienne*, IV, 4.

2. Expression platonicienne (cf. Platon, *Protagoras*, 321 C), reprise par Épictète (*Entretiens*, I, 6, 13).

3. Cf. Platon, *Phédon*, 107 D, et Hiéroclès, d'après Photius, *Bibliothèque*, 251, p. 466 B 7 ; Plotin composa sur ces divinités protectrices un traité : *Sur le Démon à qui nous avons été attribués*.

4. Contrairement à Plotin (*Ennéades*, III, IV, 2) qui étendait la transmigration des âmes jusqu'aux animaux et aux plantes, Saloustios ne l'admet que dans des corps humains, conformément à la doctrine de Jamblique (*Sur les mystères*, I, 8, éd. Parthey, p. 24, 2).

5. Cf. Plotin, *Ennéades*, III, II, 13 et Jamblique, *Sur les mystères*, IV, 5, éd. Parthey, p. 187, 4. Cette conception du pouvoir transcendant des actes déterminant pour l'avenir le destin de chacun rejoint la conception orientale du Karma : « Les œuvres bonnes ou mauvaises ne sont jamais perdues, déclarait le vertueux Kounâla ; ce ne sont pas les fléaux qui viennent tourmenter mon

corps, ce sont mes actes antérieurs dont je reçois la rétribution. » (J. Przyluski, *Le bouddhisme*, Paris, Rieder, 1932, p. 17.) Au contraire, la doctrine chrétienne, niant les métempsychoses, trouve dans ces maux « les manifestations de la puissance de Dieu » (*Jean*, IX, 1-3).

6. Il s'agit en particulier des ataxiques, et des malades frappés de paralysie dans les membres inférieurs (cf. Élien, *Histoire variée*, I, 7).

7. Même hantise de l'inaction et de toute forme de paresse qu'à III, 1, 3 ; l'âme doit tendre sans relâche à se rapprocher des Dieux.

8. Démonstration construite sur un double syllogisme hypothétique disjonctif, du type « *modus tollens* ».

9. « Le Tout est fini », avait déjà affirmé Aristote (*Physique*, 207 A, 16).

10. Cf. ci-dessus, IV, 9, 3.

11. Cf. ci-dessus, VII, 2, 3.

12. Le Monde, émanation des Dieux primordiaux, est en effet « mené par Eux à son accomplissement » (cf. IV, 8, 6).

13. Cf. Jamblique, *Sur l'École pythagoricienne*, II, 11 et 12.

14. Cf. Platon, *Phèdre*, XXIX, début.

15. Tout en rappelant le bonheur des âmes regagnant la sphère des intelligences divines (cf. Julien, *Discours sur la Mère des Dieux*, 165 CD), Saloustios ne considère pas le lieu de séjour des âmes, contrairement à Plutarque (*Sur le visage que l'on voit dans la lune*, 26-30) ; peut-être l'incertitude d'un établissement exact de cette région l'a-t-elle conduit à la circonspection, Plutarque hésitant lui-même sur le rôle des « prairies d'Hadès » : dans le traité *De l'âme* en effet, les âmes s'y rendent une fois purifiées, mais dans l'ouvrage *Sur le visage que l'on voit dans la lune* ce n'est qu'après y avoir passé un certain temps qu'elles se trouvent purifiées (voir G. Soury, *Mort et initiation — Sur quelques sources de Plutarque, De facie, 943 CD*, dans *R.E.G.*, t. LIII, n° 249, p. 51 à 58).

16. Cf. Platon, *Phédon*, 114 BC et Jamblique, *Protreptique*, XIII, p. 65, 2.

17. Voir ci-dessus, XV, 3, 2-3. Cf. Albinos, *Sur la doctrine de Platon*, 27 et Hiéroclès, *Sur les vers d'or*, éd. Needham, p. 226.

18. Cf. Julien, *Contre Héracleios le cynique*, 234 C et Proclus, *Commentaire sur le Timée*, 41 D, III, éd. Diehl, p. 271, 17 ; mais les Chrétiens n'admettent cette réalité qu'au moment de la résurrection des morts (*Matthieu*, XIX, 28).

19. On trouve ici une curieuse préfiguration de « l'argument du pari », de Pascal.

20. Cf. Jamblique, *Lettre à Macedonius*, dans Stobée, *Extraits physiques et éthiques*, 8, éd. Heeren, p. 296.

21. Plutarque rappelait également dans le traité *Sur le Démon de Socrate*, par la bouche de Théanor, que « les âmes débarrassées de la nécessité de se réincarner », et qui, de ce fait, n'ont plus les soucis d'un corps, « sont comme des esclaves complètement affranchis ».

INDEX

TABLE DES MATIÈRES

Ce volume,
le cent quarante-quatrième
de la série grecque
de la Collection des Universités de France,
publié aux Éditions Les Belles Lettres,
a été achevé d'imprimer
en juin 2023
sur les presses
de La Manufacture Imprimeur
52205 Langres Cedex, France

N° d'édition : 10601
N° d'impression : 230452
Dépôt légal : juin 2023